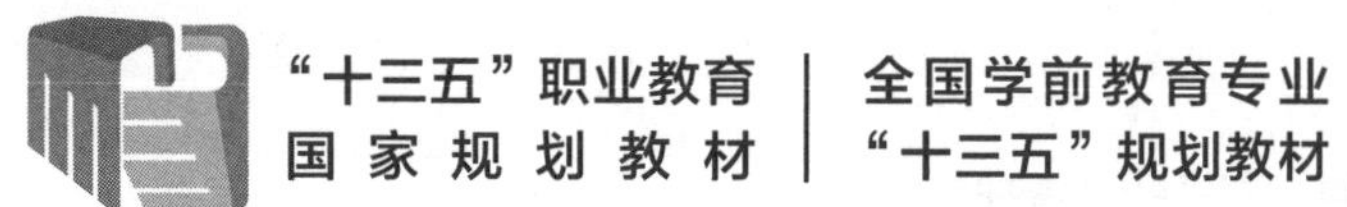

王咏 ◇ 主编
王树义 陈月乔 何建杰 曾敬秋 ◇ 副主编

学前儿童美术教育

人 民 邮 电 出 版 社
北 京

图书在版编目（CIP）数据

学前儿童美术教育 / 王咏主编. -- 北京 : 人民邮电出版社, 2018.8（2023.1重印）
全国学前教育专业“十三五”规划教材
ISBN 978-7-115-48626-4

Ⅰ. ①学… Ⅱ. ①王… Ⅲ. ①学前教育－美术教育－幼儿师范学校－教材 Ⅳ. ①G613.6

中国版本图书馆CIP数据核字(2018)第154451号

内容提要

本书内容由两部分组成，第一部分从六方面阐述学前儿童美术教育理论与实践，包括美术与学前儿童美术、学前儿童美术能力的发展、学前儿童美术教育活动的目标和内容、学前儿童美术教育活动的实施、学前儿童美术教育活动指导与案例分析、学前儿童美术教育评价；第二部分为附录，包括幼儿园美术教育活动说课和幼儿园教师的美术鉴赏素养。

本书可作为高等院校、职业院校学前教育专业及幼儿师范学校学生的教材，也可以为幼儿园教师教育培训所用，还可供学前教育工作者及学前儿童家长参考。

◆ 主　　编　王　咏
副 主 编　王树义　陈月乔　何建杰　曾敬秋
责任编辑　古显义
责任印制　马振武

◆ 人民邮电出版社出版发行　　北京市丰台区成寿寺路 11 号
邮编　100164　　电子邮件　315@ptpress.com.cn
网址　http://www.ptpress.com.cn
北京联兴盛业印刷股份有限公司印刷

◆ 开本：787×1092　1/16
印张：8.75　　　2018 年 8 月第 1 版
字数：179 千字　　　2023 年 1 月北京第 15 次印刷

定价：35.00 元

读者服务热线：(010)81055256　印装质量热线：(010)81055316
反盗版热线：(010)81055315
广告经营许可证：京东市监广登字 20170147 号

前言 PREFACE

学前教育是国民教育体系的开端及重要组成部分。《幼儿园教育指导纲要(试行)》《中小学和幼儿教师资格考试标准（试行）》《3-6岁儿童学习与发展指南》等一系列文件的相继出台，充分说明了国家对学前教育的重视程度。党的“十九大”更是把教育放在优先发展的战略地位，明确提出要“办好学前教育”“幼有所育、学有所教”“努力让每个孩子都能享有公平而有质量的教育”。

学前儿童美术教育是学前教育中的基础和关键，是儿童全面发展的重要组成部分。本书力求适应当前学前美术教育改革的发展趋势，从多元性和时代性角度阐述学前儿童美术的相关知识，注重理论概括的同时，紧密结合实践，提出基于“核心素养”的学前儿童美术教育目标，即从“图像识读”“美术表现”“审美判断”“创意实践”“文化理解”五方面开展学前儿童美术教育，提倡“游戏美术”。

本书附录部分增设了幼儿园美术教育活动说课和幼儿园教师的美术鉴赏素养两部分内容，为幼儿园教师资格考试提供了美术方面的重要参考。

本书的参考学时为16～32课时。各章节教学内容与学时安排可参考下面的学时分配表。

学时分配表

章	教学内容	学时安排	
		课堂讲授	实践
第一章	美术与学前儿童美术	1～2	0
第二章	学前儿童美术能力的发展	1～2	0
第三章	学前儿童美术教育活动的目标和内容	1～2	1～2
第四章	学前儿童美术教育活动的实施	1～2	1～2
第五章	学前儿童美术教育活动指导与案例分析	3～6	4～8
第六章	学前儿童美术教育评价	1～2	2～4
合　计		8～16	8～16
总　计		16～32	

河北省唐山幼儿师范高等专科学校附属幼儿园和滦县“一家美术教育”培训机构为本书提供了丰富的图片资料，使本书更形象、直观地再现不同年龄阶段幼儿美术的发展水平和表现特点。在此，感谢鄢慧敏园长、张雅丽老师、郑亮先生和索银娟女士。

本书是唐山幼儿师范高等专科学校（原河北滦师）多年美术教育教学经验的总结和积淀，是在校本教材基础上修订而成。本书第一章至第四章、第五章的活动指导部分及附录一由王咏撰写，第五章的活动案例部分由陈月乔撰写，第六章由王树义撰写，附录二由何建杰撰写。同时，王树义、陈月乔、何建杰负责本书部分图片的搜集与整理工作，曾敬秋负责本书的统稿与校订工作。

王　咏

2018年5月

目录

CONTENTS

第一章

美术与学前儿童美术

本章学习要点：

了解美术的起源与发展以及美术的主要类型。

理解学前儿童美术的内涵以及学前儿童美术的特点。

理解学前儿童美术教育的价值取向和学前儿童美术教育的意义。

第一节 美 术

一、美术的起源和发展

1. 美术的概念

在我国的学校教育中，从幼儿园到大学，学校都会开设美术课、美术欣赏课，对于什么是美术，它的具体定义是什么，恐怕有些读了十几年书的学生都对此模棱两可。

提到“美术”，大多数人会想到“画画”这个动作，甚至会想到某一件具体的绘画作品。

中国商务出版社出版的1999年9月版《辞海》对“美术”的释义是：“美术，亦称‘造型艺术’，社会意识形态之一，通常指绘画、雕塑、工艺美术、建筑艺术等。”

“美术”是外来的产物，是西方概念的舶来品，“美术”源于古罗马拉丁文“Art”，在古代西方是指文学、戏剧、音乐、绘画，乃至一切非自然形成的“人工技艺”之美。当时广义的“Art”甚至还包括制衣、栽培、拳术、医术等方面的技艺。

自17世纪以来，欧洲开始使用“美术”一词，泛指含有美学情味和美的价值活动及其产物，如绘画、雕塑、建筑、文学、音乐、舞蹈等，以别于具有实用价值的工艺美术。中国五四运动前后开始普遍应用这一名词。

中国古代汉语中没有“美术”二字，中国古籍中表达“视觉艺术”的词一般有“绘缋之事”“刻削之道”“锦绣文采”等具体术语。根据目前掌握的资料来看，第一批使用“美术”一词并产生一定影响的代表人物有王国维、刘师培、鲁迅、李叔同、蔡元培等，当时美术不但包括视觉艺术，也包括文学艺术、听觉艺术、综合艺术等，在20世纪20年代前后，通过先贤们的“前赴后继”、不断积累和不断筛汰，最终我国逐渐用“艺术”一词，取代了美术的广义概念，“艺术”成为绘画、雕塑、建筑、音乐、舞蹈、戏剧等的总称，而美术则成为特指绘画、雕塑、建筑等造型艺术或视觉艺术的专门术语。

2. 美术的起源

虽然“美术”一词产生于近现代，但是美术活动却是人类最古老的艺术活动之一。

关于美术的起源问题一直被学术界称为“斯芬克斯之谜”，这主要是因为人们对人类早期的历史和艺术方面的资料所知甚少。但是，历史上的许多学者还是在这一领域进行了不懈的探索和努力，从不同的角度提出了各种关于美术起源的学说。

公认的美术起源学说主要有模仿说、游戏说、表现说、巫术说、劳动说等。这些学说从不同的角度揭示了人类艺术（美术）发生的某些条件和根据，对学习美术和进行美术教育有着重要的价值。以下是几种主要的关于人类艺术（美术）起源的学说。

（1）模仿说

模仿说是一种关于艺术起源问题的最古老的理论，始于古希腊哲学家。

在古希腊哲学家看来，所有艺术都是模仿的产物。德谟克利特说："在许多重要事情上，我们都是模仿禽兽，做禽兽的小学生的，从蜘蛛我们学会了织布和缝补，从燕子学会了造房子……"亚里士多德认为："艺术创作靠模仿能力，而模仿能力是人从孩提时就有的天性和本能。"继古希腊哲学家之后，文艺复兴时期的达•芬奇、法国启蒙思想家狄德罗、俄国作家车尔尼雪夫斯基等人都不同程度地继承和发展了这一学说。这种理论直到 19 世纪末仍然具有极大的影响。

（2）游戏说

游戏说认为艺术起源于游戏，它是包括美术在内的艺术发生理论中较有影响的一种理论。其代表人物是德国著名美学家席勒和英国学者斯宾塞，人们也因此把游戏说称为"席勒－斯宾塞理论"。

席勒在《美育书简》中，首先提出了艺术起源于游戏的观点，认为艺术是一种以创造形式外观为目的的审美自由的游戏。"自由"是艺术活动的精髓，它不受任何功利目的的限制。人们只有在一种精神游戏中才能彻底摆脱实用和功利的束缚，从而获得真正的自由。游戏说还认为，人的审美活动和游戏一样，是一种过剩精力的使用，剩余精力是人们进行艺术这种精神游戏的动力。人是高等动物，他不需要以全部精力去从事维持和延续生命的物质活动，因此有过剩的精力。这些过剩精力体现在自由的模仿活动中就有了游戏与艺术活动。斯宾塞和席勒一样，也认为游戏是过剩精力的发泄，它虽然没有什么直接的实用价值，却有助于游戏者的器官练习，因而它具有生物学意义，有益于个体和整个民族的生存。

游戏说强调了游戏冲动、审美自由与人性完善间的重要联系，对于我们理解艺术在审美方面的发生具有重要价值。它揭示了艺术发生的生物学和心理学方面的某些必要条件，如剩余精力是艺术活动的重要条件，艺术的娱乐性和审美性等，揭示了精神上的自由是艺术创造的核心，对我们理解艺术的本质是富于启发性的。

（3）表现说

表现说认为艺术起源于人类表现和交流情感的需要，情感表现是艺术最主要的功能，也是艺术发生的主要动因。

持这一理论的代表人物主要有英国诗人雪莱、俄国文学家列夫•托尔斯泰等，还有欧美的一些现当代美学家。在这种学说看来，原始人所有的艺术只有一个最主要的推动力，那就是他们通过各种艺术来表达他们的情感，从而促成了艺术的发生和发展。如托尔斯泰认为："艺术起源于一个人为了要把自己体验过的感情传达给别人，于是在自己心里重新唤起这种感情，并用某种外在的标志表达出来。"这些外在标志就是用动作、线条、色彩、声音以及言词所表达的艺术形象，通过这些艺术形象的传达，使别人也能体验到同样的感情。这样，作者所体验到的感情感染了观众或听众，这就是艺术活动。

（4）巫术说

巫术说是西方关于艺术起源的理论中最有影响、最有势力的一种观点。

这种理论是在直接研究原始艺术作品与原始宗教巫术活动之间的关系的基础上提出来的，最早由英国著名人类学家泰勒在他的《原始文化》一书中提出。这种观点用实用性来解释艺术的起源，认为在原始人心目中，最初的艺术有着极大的实用功利价值。按照这种理论，原始人所描绘的史前洞穴壁画中虽然有许多在我们今天看来是美丽的动物形象，但他们当时却是出于一种与审美无关的动机，即巫术的动机。如许多旧石器时代晚期的洞穴壁画和雕刻，往往是处在洞穴最黑暗和难以接近的地方，它们显然不是为了给人欣赏而制作的，而是史前人类企图以巫术为手段来保证狩猎的成功。还有些动物身上画有或刻有被长矛或棍棒刺中和打击过的痕迹，按照巫术说的观点，这是因为原始部落有一种交感巫术的存在。原始人认为任何事物的形象与实际的该事物都有一种实在的联系，如果对事物的形象施加影响，实际上就是对这个事物施加影响，在动物身上画上伤痕也就意味着他们在实际的狩猎当中可以顺利地打到猎物。原始壁画中这些身上有被刺中或击伤痕迹的动物形象（见图 1-1），成为支持艺术产生于巫术学说的有力证据。巫术说对于我们理解原始艺术，特别是原始美术发生的动力，以及这些艺术在当时条件下非审美的性质具有重大意义。

图1-1 《拉斯科洞穴壁画》，法国

（5）劳动说

劳动说认为艺术起源于劳动。主要代表人物有毕歇尔、希尔恩、马克思德索、普列汉诺夫，这一学说拥有众多支持者。

劳动说认为，劳动说之所以成立，在于劳动是原始艺术最主要的表现对象；其次，史前艺术在内容与形式方面都留下了大量的劳动生产活动的印记。

但是，他们过分注意劳动与艺术发生的直接关系，也不免有些简单化。劳动是人类社会生活最重要的组成部分，却不是社会生活的全部。劳动以外的其他社会生活的内容也与艺术的发生有着密切的关系。

此外，艺术的生产是以人的手由于劳动而达到的高度完善为前提的，但艺术起源主要是指社会学意义和心理学意义上的推动力，也就是说原始人最初的创作动机究竟是什么，从这一意义上来探讨劳动与艺术的关系还很难判定它在艺术起源方面的作用究竟如何。

另外，劳动说也是关于文学起源的重要学说之一，劳动提供了文学活动的前提条件；人类的生产活动是一切其他基本活动的前提。这一方面在于人要满足基本生存需要后才能从事其他活动，另一方面在于人就是在这种生产活动中生成的。在劳动中为了需要而创造出具有丰富表意功能的语言系统，恩格斯说:“劳动是一切人类活动的第一个基本条件，而且达到这样的程度，以致我们在某种意义上不得不说：劳动创造了人本身。”

其次，劳动产生了文学活动的需要。人的活动都伴随一个自觉的目的，这一目的源于某种需要而设定。再次，劳动构成了我们所描写的重要内容。最后，劳动制约了最早的文学形式。各民族最早的文学体裁是诗，必须吟唱，载歌载舞，早期的文艺是诗、乐、舞的结合体。这种早期文艺的形式同劳动过程直接相关。

原始人将劳动动作和被狩猎的动物的动作衍化为舞蹈，劳动时的号子与呼喊发展为诗歌，而劳动时发出的各种声音和体现的节奏，则为原始人提供了音乐的灵感。诗、乐、舞三位一体实则是劳动过程中这几种艺术形式的萌芽因素统一在一起的反映（见图 1-2）。

图1-2　东汉说唱俑（陶）

相对于其他学说，劳动说更具体、更科学，从根本上阐释了文学的起源问题，提供了文学起源最根本的学说。

以上关于艺术起源的学说，可以帮助我们从不同方面了解原始艺术的起源及其原因。原始艺术与儿童艺术虽然有本质的不同，但它们在发生动因特别是在表现形态方面又有不少相似之处，因此，了解人类艺术的发生对我们正确地认识和理解儿童艺术活动具有借鉴作用。

3. 美术的发展

美术的发生和发展与人类历史的发生和发展是同步的，是与时俱进的、开放的、包容的，它的内涵和外延随着时代的发展不断变化。

从原始社会时期的石器、岩画、饰品到彩陶的出现，美术活动在相当长的时间中都与实用物品相关，与人们的生活息息相关（见图 1-3）。当人类社会由原始社会进入文明社会，随着人类物质财富的不断积累、社会分工的细化，美术开始多元化，出现了纯美术和实用美术，也涌现出大量的优秀艺术家和美术作品。艺术家除了反映客观物象，也反映自己的情感、思想和精神，由此也出现了新古典主义、浪漫主义、现实主义、行为艺术等各种艺术流派。

图1-3　舞蹈纹彩陶盆

20 世纪，科技的飞速发展改变了人们的生活方式，美术与这些新科技的结合，不断出现的现代艺术一次次改变着人们对传统美术的认识，“当新的意义出现时，它们不是简单地取代旧的意义，更多的是与之共存。由于新旧意义或多或少有差异，“美术”随即在内容上丰富起来……”①

二、美术的特征

美术作为一种艺术形式，有着自身的独特性。从艺术的运动方式来看，美术属于静态的，它创造的艺术形象只是某个瞬间的状态，并且此艺术形象自创造出来就固定不变了，因此美术具有静止性、瞬间性、永固性的特征。

美术具有其他艺术门类不同的特征。

① 钱初熹. 美术教学理论与方法 [M]. 北京：高等教育出版社，2005：10.

1. 造型性

造型性是美术的根本特征。“造型”，顾名思义，即塑造型体，是美术的基本手段，也是它的主要特征。美术是在空间中构成可视、可触的艺术形象，通过可视、可触的外形来表达深层的情感。由此，美术也叫“造型艺术”“视觉艺术”“空间艺术”。

美术善于刻画事物外在的形态就是这个特征赋予的，我们表现事物的内容首先是要通过刻画其外部形态来进行的。但是，不能因此否认美术反映生活内在本质和精神等层面的功能。美术作品是可以通过事物外在特征的刻画表现事物内在思想感情的，如中国绘画提出的“以形写神”，画家在反映客观现实时，不仅追求外在形象的形似，还追求内在的精神本质的神似。通过揭示人物的心理状态和生活状态，使人物的形象更加生动鲜活，西方美术的传统精神亦是如此。美术实际上是形与神、外在现象与内在本质的有机结合，光对事物外在形态的照搬模仿是不能称之为美术作品的。美术塑造出来的型体是要被受众通过视觉来感知的，所以视觉性是和造型性一致的，人们直观美术作品中的艺术形象的同时获得视觉上的审美享受。这一过程必然要发生于一定的空间里，绘画需要在一个平面的二维空间，雕塑需要一个三维的空间。美术作品同时具有视觉性、造型性、空间性，这三个要素互为条件，有机结合，形成了美术第一层面的基本特征。

2. 静止性

静止性这一特征使美术作品区别于其他艺术种类所创造出来的艺术形象，例如电影创造的可视图像是利用人眼视觉暂留这一生理现象，多张静态画面运动而呈现出来的动态的画面，即使是电影画面中的静态画面，也是许多帧图像运动呈现出来的。现代美术中也出现一些动感试验，这个不是普遍现象，并且这些运动大多是机械反复的运动，静止性这一特征不足以被这些个别现象所改变。美术作品虽然不是运动的，但是它依然能表现运动中的事物，如德拉克洛瓦的《自由引导人民》中战斗的场景、徐悲鸿笔下奔驰的骏马（见图 1-4）等。美术不能直接表现事物动态的发展过程，事物在一定空间中运动和情节的发展，时间因素是必不可少的，而美术是通过某一静止时间的形象暗示这一过程。这一特征又带来了它的瞬间性，在美术作品中表现情节内容只能在这一情节发展过程中的某一瞬间体现出来。

图1-4 《奔马》，徐悲鸿

美术作品是静止的，是将形象瞬间的动作、姿态、表情等通过艺术手法固定下来，这是美术区别于其他造型艺术的重要特征。

美术的这些特点决定了它在反映现实和表现题材方面的某种局限性，即不能直接表现运动或情节发展过程，也难以表现图像所能显示的视觉范围之外的事物。不过，美术作品中理想的直观形象所表现出来的凝炼、所具有的独特的审美效果又使它在艺术世界中能独树一帜，赢得永恒的魅力。

三、美术的种类

美术通常包括绘画、雕塑、工艺美术和建筑美术四大类。

1. 绘画

绘画是美术中最常见的一种形式，也是其他各种美术形式共有的基础。绘画指用笔、刀等工具，墨、颜料等材料在纸、木板、纺织品或墙壁等二维的平面上，通过构图、造型、颜色等表现手段，创造可视的形象。

绘画可分为许多种类，就材料和表现技法的不同，可以分为素描、中国画、壁画、水彩画、水墨画、蜡笔画等。就表现题材、内容的不同，可以分为人物画、肖像画、宣传画、动物画、静物画、风景画、风俗画、历史画、漫画等。

2. 雕塑

雕塑是雕、刻、塑三种制作方法的总称。它一般分为圆雕和浮雕两类。圆雕是指不附着于任何背景、可四面欣赏、完全立体的一种雕塑。浮雕则是在平面上雕出凸起的形象的一种雕塑，如人民英雄纪念碑（见图 1-5）四周各组群雕均属于浮雕。

图1-5 《人民英雄纪念碑》浮雕局部

3. 工艺美术

工艺美术是与人们生活关系较为密切的一种美术形式，通常分为实用工艺和观赏工艺两类。实用工艺主要是指经过艺术加工的生活实用品，如一些染织工艺、陶瓷工艺和家具工艺等（见图 1-6）。观赏工艺则指专供人们欣赏的陈设品，如水晶饰品、玉石雕刻及装饰绘画等（见图 1-7）。

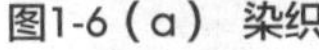
图1-6（a） 染织

图1-6（b） 陶瓷

图1-6（c） 明式圈椅

图1-7（a） 水晶装饰

图1-7（b） 玉石雕刻

4. 建筑艺术

建筑艺术包括建筑的结构、形式、特点和风格，它的造型、色彩、纹样和雕刻等整体设计形成建筑艺术的主体（见图 1-8）。

图1-8 故宫太和殿全景

第二节 学前儿童美术

一、学前儿童美术

学前儿童美术，一般指 3 ~ 6 岁儿童在通过自己对外部世界的观察之后，运用自己的想象，通过自由发挥创造作品的美术活动，是儿童身心发展水平体现出来的美术行为特征和作品特征。所以，学前儿童美术的概念有两个指向，既指儿童运用工具和材料完成美术作品的行为过程，也指这种行为过程的结果即美术作品。

学前儿童美术作品，以其特有的可视形象和色彩，表现出大自然的美和社会生活的美，用其鲜明的形象性和强烈的感染力表达儿童对周围世界的认识（见图 1-9）。

图1-9 儿童美术活动

需要特别指出的是，学前儿童美术与平时常说的幼儿歌曲和幼儿文学的概念是不同的。幼儿歌曲与幼儿文学是指成年人为幼儿而创作的作品，只不过理解度、难易度与儿童的年龄特征接近而已。而学前儿童美术的创造者是儿童。

学前儿童美术与成人美术也是两个完全不同的概念。学前儿童美术是儿童身体发展水平、感知觉能力、情感态度、智力程度和生活经验的产物，而成人美术是建立在人的身心成熟和协调运作，以及情感的深沉、稳定和智力的成熟之上的，其基本内容反映出成熟的人对社会及自然的成熟的认识，以及对美术技能技巧掌握的熟练程度。

按照不同的标准，学前儿童美术可以有不同的分类方法。按照内容来分，学前儿童美术可以分为绘画、手工和美术欣赏三大类。按照活动方式来分，可以分为创作、欣赏和综合。

20 世纪 50 年代后，教育家布鲁纳在《教育过程》一书中提出“学科结构”的概念。受其影响，艾斯纳认为，儿童美术能力不是自然发展的结果，必须经过学习才能获得，而严格的课程设计是美术教育取得良好效果的前提；格里则认为，美术教育的学习，不仅仅是由内而外的创造表现，还必须兼顾由外而内的鉴赏学习。他把美术教育提升为教育的一个基本学科，美术教育应包括美术创作、美术批评、美学和艺术史四大类型，并将其纳入课程的范畴。这些都反映了以学科为中心的美术教育思想。

进入 21 世纪以来，学前儿童美术趋向多元、开放，学科间也更加联系紧密、互相补充。授课方式也体现了以学生为主体，教师为主导，教师更注重授课过程的情感培养，真正释放学生的情感，让学生体会、感受艺术的美。①

二、学前儿童美术作品内涵

学前儿童美术作品与其他美术作品一样，都是由点、线、面、色彩等美术语言要素组成。但是，学前儿童美术作品有其鲜明的特征。

1. 学前儿童美术作品是其与他人沟通的方式

儿童美术是儿童表达对社会、自然的认识和情感，以及与他人互动的最常用和最基本的方法之一，尤其是在他们的语言和文字表达能力尚未发达的时候更是如此。孩子画画可能并非我们所理解的是在进行艺术创作，或许更多是在表达自己对自然和社会的认识与情感。而且，他们在表达的过程中内心充满了强烈的情绪和身临其境的体验。

2. 学前儿童美术作品是儿童生命的本真体现

学前儿童美术具有强烈的自发性，他们以巨大的愉悦感和强烈的参与态度创作艺术，往往固执地按照自己的方式表达思想和情感，他们在创作时往往是“情动于中，而形于言，言之不足……手之舞之，足之蹈之也”。

3. 学前儿童美术作品是儿童感知世界并探索世界的手段

儿童对颜料的滴洒、不经意的痕迹、混合的色彩等都充满好奇，他们在以这种方式进行有意识的感知和探索。有些儿童甚至将天空画成黄色或黑色，将树画成红色或其他颜色，可能是因为他们尚未形成对色彩的正确认识和调配颜色的技巧，不能按物体实际的样子表现它们，也可能是他们故意为之（见图 1-10）。总之，他们在以这种方式对世界进行着探索与表现。

图1-10 学前儿童美术作品

① 顾菁．当代艺术与美国儿童美术教育 [M]．上海：复旦大学出版社，2015：11.

正因为儿童的率性与本真，好多艺术家也在不断将自己的绘画意识、作品的表现形式逐步向儿童靠拢，追求儿童趣味。比如，毕加索等立体派画家有意识地从多重视点描绘物体（见图 1-11），运用平面空间，并改变形象——这是儿童在艺术的自然发展过程中的典型方法。保罗·克利等美术家努力消除他们作品中的成人痕迹（见图 1-12），以便获得与儿童美术一样的表现性和趣味。

图1-11　《镜前少女》，毕加索

图1-12　保罗·克利作品

第三节　学前儿童美术教育

一、学前儿童美术教育的内涵

学前儿童美术教育是根据儿童的身心特点，利用美的事物和丰富的审美活动来培养儿童感受美、表现美的情趣和能力的教育。学前儿童美术教育可以分为幼儿园美术教育、家庭美术教育、社会美术教育。

1. 幼儿园美术教育

美术教育对于立德树人具有独特而重要的作用。幼儿园美术教育是实施美术教育最主要的途径和内容。美术教育能够培养儿童感受美、表现美、鉴赏美、创造美的能力，引领儿童树立正确的审美观念，陶冶高尚的道德情操，培养深厚的民族情感，激发想象力和创新意识，促进其全面发展和健康成长。

幼儿园美术教育是学前儿童美术教育的主阵地，幼儿园承担着重要的使命和责任，必须充分发挥自身应有的作用和功能。可以通过幼儿园的内外环境布置、舞台布置、玩教具的展示、区角的设计与布置、教师美术素养、学科领域中美术活动等各种环节，对儿童落实立德树人的根本任务，实现改进美育教学，提高儿童审美和人文素养的目标。

2. 家庭美术教育

家庭美术教育是父母教育教学能力与艺术素养的体现，也是孩子身心发展的体现，是发展孩子多元智能的重要手段。

孩子家长以中青年为主，年富力强，年龄在 20 ~ 35 岁，家长的受教育程度对孩子的家庭美术教育活动的重视程度是不一样的，并对美术教育活动的开展有重要作用。近些年，对儿童进行美术教育越来越受到家长们的关注。有好多家长认为家庭美术教育活动能够提升幼儿艺术修养，丰富家庭文化生活，还能和孩子进行沟通，但也有家长对美术教育的认识仅仅停留在送孩子去兴趣班，掌握一项技能，希望这些技能可以对以后的升学和工作有所帮助。

面对孩子的作品，大部分家长常以画得“像”或“不像”来评价孩子的艺术作品。说明他们还没有从以往的评价观念中转变过来，在面对孩子的美术作品时往往只从表面进行评价。因此，提高家长对家庭美术教育的认识，转变家庭美术教育的途径至关重要。

在家庭美术教育中，家长要有明确的定位。首先，家长是家庭美术教育的主导者；其次，家长要有明确的教育方向，也就是说，家长要了解家庭美术教育不是为了培养未来的艺术家，而是通过美术教育让孩子认识美、发现美、创造美。

家庭美术教育对儿童发展的影响是幼儿园美术教育所无法替代的，因此，加强幼儿园与家庭之间的联系和沟通，能够指导家长掌握正确的教育方法，提高家长的美术教育水平。①

3. 社会美术教育

社会美术教育是提高普通公民审美水平的教育活动，是学校美术教育的重要补充。随着社会文明进步和经济发展，人们对生活品质的提高有了新要求，这对美术教育发展提供了新契机。

社会美术教育机构是学前儿童美术教育的重要力量。相对于学校教育而言，社会机构的美术教育形式多样而灵活。随着博物馆、美术馆免费对公众开放，越来越多的公众参与进来，这些艺术的殿堂除了展览和研究之外，对文化和美术创新产生着深远影响。在这样一个公共空间里，参观者可以以家庭、社区、学校为单位出现（见图 1-13）；在这里可以找到不同年龄段的参观者；博物馆、美术馆丰富的展演方式，可以将人们的生活与工作通过艺术形式展示出来，充分体现美术教育的大众性，以及艺术与生活的紧密融合。

图1-13　儿童在美术馆临摹

① 于春晓．学前儿童家庭美术教育初探 [J]．科学大众：科学教育，2017（10）．

家庭、学校与社会互补衔接，将学校美术教育与社会美术教育、专业美术教育与非专业美术教育，以及博物馆美术教育、美术馆美术教育、网络美术教育等各种教育资源整合起来，通过整合各方面的教育资源，实现人民终身学习的目标。[①]

二、学前儿童美术教育的价值取向

学前儿童美术教育是教育者遵循儿童教育的总体要求，根据儿童身心发展的特点和规律，有目的、有计划地通过美术欣赏、美术创作活动来感染儿童，培养其艺术审美能力和美术创作能力，最终促进其人格和谐发展的一种审美教育。

根据《学校艺术教育工作规程》对艺术教育作出的相应规定：艺术教育是学校实施美术教育的重要途径和内容，是素质教育的有机组成部分。儿童接受美术教育，能够充分了解我国的优秀传统文化，吸收借鉴外国优秀的美术成果，进一步提升儿童的艺术素养。教师和家长应当引导孩子树立正确的审美观念，培养他们的创造力和想象力，从而促进儿童身心的健康发展。

学前儿童美术教育是一种没有直接功利目的的，以满足儿童身心发展需要、提高其审美修养和艺术素质的一系列教育活动。它更加强调儿童在活动过程中的体验，是以活动过程本身为目的的一种需要的满足。

1. 审美价值取向

“美术素养”是指人在美术艺术方面的素质和修养，素质偏重于指人的自然和生物性的层面，它的结构和特性既秉承于遗传，又不断随着后天文化的影响而形成着；而修养则偏重于指人的文化和社会性的层面，它在素质的基础上不断习得和获得。这两者不可以分开，它们处于相互作用、互生互补的关系之中。

审美判断是审美核心素养很重要的组成部分。要从儿童开始培养他们的艺术理想、追求、趣味、气质、情怀、态度等人文精神。

美术教师要树立正确的美术教育观、教学观，要采用科学有效的美术教学方法，脚踏实地，循序渐进，方能让幼儿园美术教育教学取得正果。美术教学不仅仅要教技能技法，更要“教”审美。在幼儿园的各种美术活动中，教师要始终关注学生的审美意识、审美情趣的引导。

美术家和艺术家们通过观察和体验现实生活，从而提炼并创造艺术形象，这是一种审美创造。法国艺术家罗丹曾经说过：“生活中不是缺少美，而是缺少一双审美的眼睛……”，在学前儿童美术教育中，我们可以通过培养“审美的眼睛”，来正确引导儿童发现美、创造美，可以使儿童在学习美术的过程中产生愉快的情绪体验，从而激发儿童学习美术的兴趣，使其主动投入到学习美术的过程中。

---

① 马菁汝．构建学校、社会、家庭“三位一体”的美育体系 [J]．中国文化报，2017.

2. 教育价值取向

教育价值取向是基于对美术教育价值的总体的认知和价值判断，包含美术教育与社会的关系、美术教育与人的关系、美术教育的功能以及美术教育的影响因素等，教育价值取向是人的世界观的一部分，是一个社会、一个时代的产物。

美术教育的价值取向是学校实现美术教育的一种手段和形式。通过美术教育，可以引导儿童树立正确的审美观念，陶冶儿童的情操，促进儿童智力的开发，培养儿童认知世界的能力和创造力，培养正确的思想道德观念等，从而促进儿童的全面发展。《美育书简》的作者席勒曾经在文中写到“人必须从单纯物性的境界，通过审美的境地，而达于理智的或道德的境界”。我国的著名文学家鲁迅先生也曾经说过“美术可以辅翼道德”，而丰子恺先生更是指出“道德与艺术殊途同归”。这些论述都充分证明了美术教育对个人思想道德品质建设的促进作用。《美国艺术教育国家标准》认为，作为认识人类和人类社会重要学科的美术，在学生树立正确审美观，促进学生智力的开发，陶冶学生情操，培养学生认知能力、创造力等方面都起着不可替代的作用。而卢梭、罗恩菲尔德、福禄贝尔等人都曾针对此作用作过相应的论述。

3. 创新价值取向

自古以来，创新是一个名族发展的灵魂，也是一个民族日益发展壮大的不竭动力，而美术教育的发展也急需创新能力的提升。《美国艺术教育国家标准》认为，艺术着重培养的是学生的直接感觉经验，通过学生对景物的细致观察，培养学生的直接感觉经验，让学生在见到事物的同时，能迅速地运用自己的直接感觉经验，更好、更迅速地了解整个世界。同时，它还认为是非冥想的闪念和顿悟才是知识的合理来源。在艺术世界里，艺术的价值在于，没有绝对的正确答案，往往都是各自发挥想象的结果。在此情况下，通过艺术教育，学生的理解、认知、运用、接受模糊性和主观性事物的能力得到增强。不可否认，在艺术世界中，衡量美的标准并不具有唯一性，对艺术进行创新，摒弃千篇一律的答案，创造出绝无仅有的艺术，是实现事物艺术化的主要途径之一。

各部分的美术教育价值取向是相辅相成、不可分割的，只有正确认识和把握好这种关系，才能更好地促进我国美术教育的发展，从而促进学前儿童美术教育的全面发展。

三、学前儿童美术教育的意义

儿童教育是一个全面的、系统的教育，我们应该让儿童在语言、科学、艺术、健康和社会各方面都得到发展。

学前儿童美术教育是学前教育中的基础和关键，是儿童发展的重要途径，是儿童全面发展的重要组成部分。所以，要充分认识学前美术教育的重要意义。

1. 学前儿童美术教育是儿童情感教育的重要手段

在进行学前美术教育时，教师应首先考虑到儿童的情感需要。儿童对美术有一种天性的需求，他们在涂涂抹抹中表达着自己的情感。儿童在观察和探究周围的世界时，总是容易将自己的情绪情感投射到物体本身，用一种十分感性的方式来把握和理解世界。例如：儿童会觉得大树、花儿和小动物们跟他们一样，也会高兴或难过，所以儿童画中的植物、动物往往都有表情（见图 1-14）；他们也会把天上的星星当作点亮的小灯，把落叶当成妈妈的宝宝等。因此，在对儿童进行美术教育时，教师应该为儿童创造宽松愉悦的心理环境和充满情感色彩的审美环境，在让儿童观察事物时，要注意和儿童进行情感上的沟通，使他们产生审美愉悦感，从而让儿童愿意和喜欢通过美术活动来表达自己的情感和想法。同时，教师也要鼓励儿童将自己的作品与他人进行分享和交流。在这种交流的过程中，儿童不但沟通了情感，也获得了新的情感体验和满足。

图1-14 拟人化的小动物

2. 学前儿童美术教育是一种创造教育，其核心是培养儿童的创造能力

儿童有着丰富的想象力和创造力，学前儿童美术教育可激发儿童美术创作的潜能。在儿童的美术作品中，我们经常可以看到一些在成人看来既可笑又可爱的形象，如，不合逻辑的构思、不合比例的造型以及随意的构图等（见图 1-15）。这些都是儿童从自身的经验出发，经过大胆想象而创造出来的。和成人的创造力不同，儿童的创造力是指创造出对其个人来说全新的、前所未有的事物的能力。我们在学前儿童美术教育当中，要培养和保护好儿童的发散性思维及创造力。教师不能依据自己对美术作品的好恶来衡量儿童作品，要多站在儿童的角度，用欣赏和发现的眼光来评价。（1）为儿童设置具有挑战性的目标；（2）为儿童创造宽松的学习环境使他们产生大胆表现的安全感；（3）在儿童作画的过程中，引导他们不断克服困难，完善自己的构想，从而获得成功的体验。

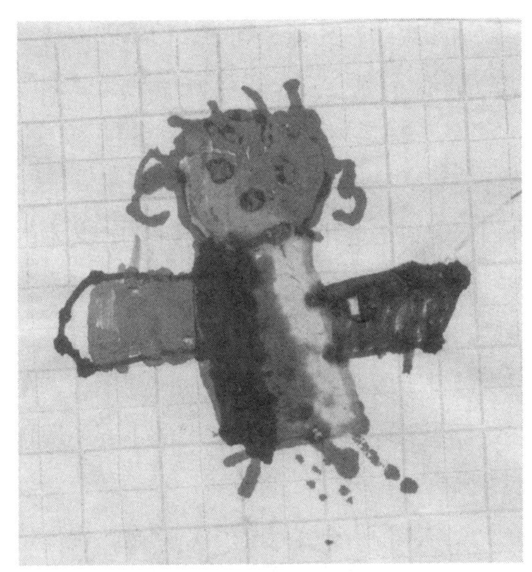

图1-15 儿童不合比例的作品

这样，才能培养出儿童的创造精神和创造性思维能力，才会把这种能力深深地铭刻在他们的头脑之中，并长期地在生活、学习和工作中发挥作用。

3. 学前儿童美术教育是训练多种感官协调活动的重要途径

美术教育中不可缺少的重要组成部分之一就是操作。儿童正是在操作中亲身体验某种情感的发展，体验美术活动的乐趣，进而获得审美感知和审美创作的。

学前儿童美术教育是儿童感受美和创造美的过程，儿童需要手、眼、脑协调活动，他们需要用脑去想象、理解和加工审美意念，用语言表达感受，用手操作材料，他们笔下的蓝图丰富多彩，展现出对大自然的热爱、对一切事物的兴趣和对五彩缤纷世界的渴望。在各种感官协调发展的过程中，创造出属于自己的、真正表达自己情感的美术作品。

四、他山之石

与国内推崇数学、语文等学科不同，法国的儿童教育更偏重音乐和美术。法国所有的幼儿园都把美术教育看成教育的根本，80% 以上的儿童课程都和美术有关。为培养孩子们的创造力，他们很重视参观和旅行之类的活动，让孩子们用画笔或语言描述他们的所见所闻所感。而在地理、音乐等其他科目的学习中，也积极鼓励孩子们运用自己的想象力，创造出具有独特个性的作品，以此培养孩子对艺术的热爱。

《美国艺术教育国家标准》中，艺术首次被确定为基础教育的核心学科。艺术课程被放在与其他七门核心学科同等的地位，这引起了全球教育同行的关注。美国教育学家认为，没有艺术的教育是不完整的教育。艺术是儿童的一本最佳的启蒙书，有助于“人类的自我发现”；他们尤其强调，艺术教育绝非天才教育，它为全体学生所共有。

日本提倡个性化教育，教师注重因材施教。同时，日本的中小学教育又非常注重实践，强调学生动手能力、活动能力的培养。中小学学生的实践活动项目非常丰富，有合唱、器乐合奏、体操、工艺、话剧、舞蹈、剪纸、书法、绘画、插花等。学生可以根据自己的兴趣爱好、参加各种实践活动。

日本家庭的艺术情趣与日本学校的艺术教育是分不开的。艺术教育的目标就是要提高学生的整体素质，从“纯粹艺术”教育中解脱出来，使学生在创造艺术形式和美的感受中获得美感体验，并唤起他们的创造热情。

总之，学前教育作为正规教育阶段在我国的发展时间并不长，在社会主义教育体系框架中仍然处于发展构建期，仍然处于薄弱环节。当前，教育的主要矛盾转变为人民日益增长的对优质教育的需要与教育发展不平衡、不充分之间的矛盾。学前教育发展不平衡、不充分的矛盾尤为尖锐，育儿质量和保教质量成为人民群众关心的热点问题，也是学前教育供给侧改革的重要方面。结合我国学前教育发展的阶段性特点，学前教育要进一步扩大资源，保障更多适龄儿童有机会接受学前教育；同时又要提高发展品质和教育质量，满足人民群众日益增长的对于高质量教育的需求。

复习与思考：

1. 关于美术的起源有哪些学说？各自的观点是怎样的？
2. 美术的基本特征有哪些？
3. 什么是学前儿童美术？学前儿童美术作品有哪些特点？
4. 学前儿童美术教育的价值取向有哪些方面？
5. 学前儿童美术教育的意义有哪些？

教学拓展：

1. 谈一谈你喜欢的一幅美术作品，并且说明你为什么喜欢。
2. 搜集一些儿童美术作品，做成 PPT，并向同学们解读。
3. 查阅资料并整理一份关于国外学前儿童美术教育情况的总结。

第二章

学前儿童美术能力的发展

本章学习要点：

理解国内外关于学前儿童绘画能力的发展阶段理论。

理解学前儿童手工能力的发展阶段特征。

理解国内外关于学前儿童欣赏能力的发展阶段理论。

第一节 学前儿童绘画能力的发展

学前儿童绘画表现能力是指儿童在自己的作品中表现出来的外在的美术形式，构图、色彩、线条、对主题的描绘等都在一定程度上反映儿童的发展水平。儿童通过自己的作品来表现自己的感受或者对世界的认识，通过对学前儿童绘画作品的分析，我们能更好地了解儿童的发展水平。

儿童绘画能力的发展是一个连续的过程，每一个阶段的划分都是相对的。下面列举一些专家对儿童绘画发展阶段的划分。

一、国内相关研究

陈鹤琴把儿童绘画发展分为四个阶段：涂鸦期（1 ~ 2 岁）、象征期（2 ~ 3 岁）、定型期（3 ~ 7 岁）和写实期（7 岁以后）。每一个阶段的儿童都有其发展特征，儿童从涂鸦期的乱涂乱画发展到画圆圈代表人或者物再到从不同方面描绘物体的完整形象。

潘菽和陈鹤琴的划分较为一致，也将儿童绘画发展分为涂鸦期、象征期、定型期和写实期。他认为儿童在涂鸦期的绘画主要是指不受或少受视觉控制的肌肉动作；而在象征期画的是想象的东西，并不注意所画物体大小比例；在定型期内绘画反映的内容与客体有些相像；最后发展到写实期，是根据实物的特点进行作画。①

屠美如把儿童绘画发展分为：涂鸦期、象征期、概念画期和写实期。在涂鸦期反映在画面上的是杂乱的线条而且很多不成形，很少注意到物品的色彩；在象征期内，儿童可以凭借自己的直观印象画出物体的粗略形象；在概念画期，儿童可以用自己的绘画作品来表达各种概念，同时注重色彩的应用；最后进入写实期，儿童能根据实物的特点作画，并出现“三次元期”的立体体验。②

著名学者孔起英将罗恩菲尔德儿童绘画发展阶段与皮亚杰的儿童智慧发展阶段对比研究，更深入一步得出学前儿童绘画能力发展的一般特征。她指出学前儿童绘画能力的发展与智能的发展存在着一致性，儿童认知水平影响学前儿童绘画表现能力的发展。

① 屠美如．学前儿童美术教育 [M]．南京：江苏教育出版社，1991：56–57.

② 屠美如．学前儿童美术教育 [M]．南京：江苏教育出版社，1991：57–58.

绘画作品作为学前儿童绘画能力表现的一个方面，它一定程度上也反映着学前儿童认知水平。这两种不同的划分方式虽然在具体年龄上有区别，但是肯定了学前儿童绘画发展的阶段顺序是一致的。在发展过程中呈现群体或个别差异。儿童在涂鸦的过程中认识了纸、笔以及绘画形象和自己的关系，形成了对手、脑、眼的协调控制和对工具材料的简单使用。进入象征期以后，儿童能够利用简单的线条和图形组合表现出物体的基本特征，但表现比较粗糙，同时对色彩有了自己的喜好。到了图式后期，儿童在物体的造型和细节上表现很突出，对颜色的使用也从客体的角度上选择，构图也灵活多样。

二、国外相关研究

1877 年，意大利的柯拉德李奇发表《儿童的艺术》一书，引起美术教育界的关注之后，世界各国都相继开始研究儿童美术。

法国儿童画的研究者吕凯（Luguet G. H.）把儿童绘画的发展划分为四个阶段。

1. 偶然的写实阶段

偶然的写实阶段，即涂鸦期，学前儿童绘画作品中呈现的是一种“错画”“乱笔画”的线条。这些线条没有其他的意义，常常是自己画的像什么就说是什么。有时心里想什么，嘴上就说要画什么，都是用线条表现。

2. 不完全的写实阶段

处于这一阶段的儿童想画一些像实物的东西，即有写实的倾向，但由于绘画技能的欠缺，注意力不集中和综合能力的缺乏，所以不能很好地完成。这个时期儿童的画作是象征的表现，他们最终的意图是趋向写实。

3. 知的写实阶段

这个阶段儿童画的显著特点是画自己所知的，而不是画自己所看的。从儿童的 X 光透视样的画法和视点移动等画面的形态上，可以看出儿童在这一时期是画他所知道的。

4. 视的写实阶段

此阶段的儿童能按照所看到的物体进行写实，达到成人水平的表现阶段。①

柯思修泰纳（G Kerschesteiner）是德国的儿童画研究者，他用了 7 年时间，对 30 多万张儿童画进行了分析研究，把儿童绘画发展分为五个阶段。

第一阶段：错画期（1 ~ 3 岁），表现为乱画各种乱线。

第二阶段：图式期，即儿童能描画稍具形状的记号、象征或图式。

第三阶段：对线及形发生感情的时期，儿童稍大会对用线描画形状产生较大的兴趣。

第四阶段：想表现得像实物的时期，在这一阶段已没有图式期的表现。其特征是想照实物

① 屠美如. 学前儿童美术教育 [M]. 长春：东北师范大学出版社，2003：88.

描画。然而，常使用轮廓线，还不谙远近法，因此不能画得像实物。

第五阶段：正确地表现形状的时期，从这一时期开始使用远近法及明暗的变化，会写实表现。

布莱德拉（W. Pfleiderer）把儿童画渐具绘画的形象时期（亦即“错画”和“空想的象征表现时期”）以后，分为三个时期。

第一时期：概念画时期，也就是图式期，通过各种概念，如将动物、皮球等概念用画描画出来。

第二时期：用线表现画的时期，又称专用线描画的时期，儿童画的绘画表现大部分属于这一时期，他认为这个时期是进入正式表现的过渡时期。

第三时期：以颜色构成空间画的时期，儿童对颜色的使用从一色到多色发展，亦即经过单色画阶段，进入多色彩画时期。①

罗恩菲尔德把儿童绘画能力的发展过程分为以下几个阶段：错画期（2 ~ 4 岁）、前图式期（4 ~ 7 岁）、图式期（7 ~ 9 岁）、写实初期（9 ~ 11 岁）、拟写实期（11 ~ 13 岁）和青少年艺术阶段（13 ~ 17 岁）。

不同儿童因个体差异不可能同时从一个阶段发展到下一阶段，但他们前后相继的关系是不变的。处于不同发展阶段的儿童，在人物表现、色彩表现、空间表现、技巧使用等方面具有不同的特点。

三、学前儿童绘画发展阶段综述

纵观前人的研究，不同理论概括出的学前儿童绘画能力的一般发展过程和规律却具有一致性。我们认为，学前儿童绘画能力的发展存在着个体差异，但总体来说，其发展是遵循一定规律的，是阶段式逐步上升的。我们普遍地将学前儿童绘画发展分为三个阶段：涂鸦阶段、象征阶段和图式阶段。

1. 涂鸦阶段（1.5 ~ 3 岁）

儿童在大约一岁半甚至更早的时候，最常见的活动之一便是拿着笔或者类似笔的东西，在纸上、墙上、地上等地方进行胡乱地涂画，有时候甚至乐此不疲，沉醉于这种游戏带来的乐趣之中。儿童的涂鸦行为虽然在出现时间早晚、细节特征上存在个体差异性，但是儿童涂鸦的主要内容和动作方式却具有跨地域、跨文化的一致性。

他们画出的这些看似不规则的、以点线为主的图案代表了他们对周围世界的探索，也显示了他们感知和运动系统的发展状态。儿童的上肢运动发展总体上是从肩部到肘部、腕部，再到手指。随着儿童年龄的增长，小肌肉的不断发展，手部动作发展的总趋势是从手指的粗大肌肉

① 陈辉东. 幼儿画指导手册 [M]. 台湾：艺术家出版社，1990：49-50.

运动向手的精细肌肉运动的发展；全掌动作向多个手指动作发展，继而从多个手指向几个手指动作的发展。涂鸦作品如图 2-1 所示。

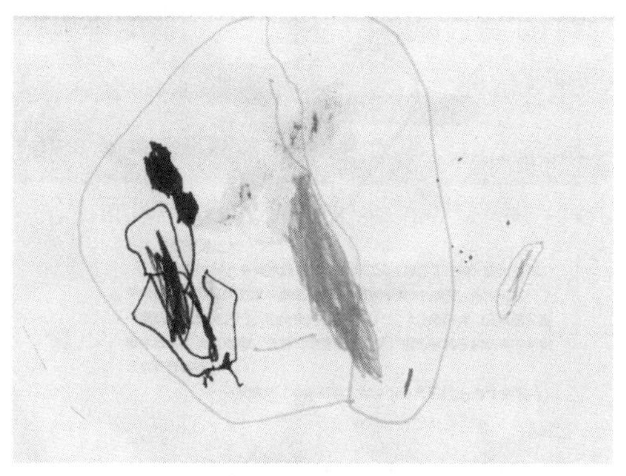

图2-1（a） 涂鸦

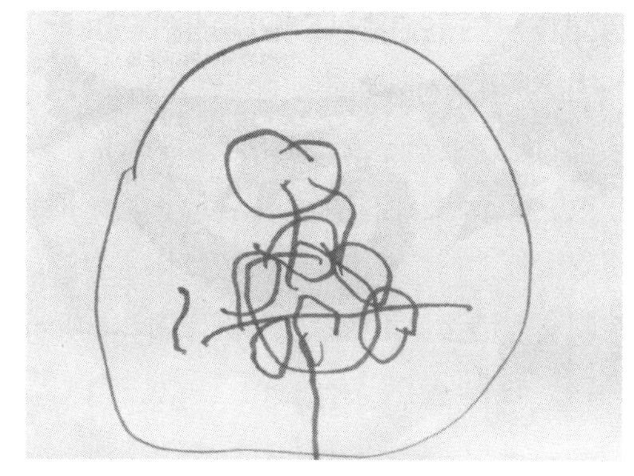

图2-1（b） 圆形涂鸦

2. 象征阶段（3 ~ 5 岁）

在象征阶段的儿童，开始有意识、有目的地创造视觉形象，并建立起他们自己的表现方式。

在图式的样式特点方面，他们所画的多是一些简单的几何形和线条的组合，与想表现的真实事物相差甚远，具有象征性的意义。这些图像往往缺乏完整性和结构合理性，稚拙而粗略。儿童在绘画中常常喜欢忽略或者夸大某些部分。“所有的线条，虽然是用假定来象征实体，但与实体没有直接具象意义的关系，儿童建立了替代物，当线条与整体分离时，线条便失去了意义；一个椭圆形在表现人的图画中意味着身体，但是当它与整体分离时，椭圆形便失去其作为‘身体’的意义，这种线条我们称为几何线条，因为它们是关于几何的，并是抽象的，假如这种线条被用来表现一些东西，他们便是‘象征符号’。”①

人物造型方面的代表“蝌蚪人”，即头上长着四肢的人（见图 2-2）。儿童通常用一个大的圆圈代表人脸或者人头，继而在大圆圈内画上小黑点或者小圆圈代表鼻子或者眼睛，然后在大圆圈上直接画上单线条代表四肢，躯干常常被省略。

图2-2 蝌蚪人

在构图方面，这个时期的儿童多是将一个个独立的形象罗列在画面上，各个形象在大小、位置、间隔等方面并没有刻意安排（见图 2-3），它们在共同的空间里的相互关系没有任何法则可循，但是确实有一定的表现主题。

在色彩方面，这一阶段的儿童已经能够识别

① 罗恩菲尔德．创造与心智的成长 [M]．王育德，译．长沙：湖南美术出版社，1993：110–111．

主要的颜色了。大多数的研究认为，儿童对颜色的认识遵循一定的顺序：从常见的一些标准色到色波较长的暖色以及明度较高的颜色。四五岁的儿童已经可以辨别红色、黄色、蓝色等主要颜色，但辨别一些差别细微的色彩的能力尚不足。这时儿童对颜色已表现出较明显的个人偏好。它们往往喜欢选择高纯度、色调明快的原色，以及对比强烈的搭配。在象征阶段的早期，儿童在颜色的使用上不受物体固有色彩的限制，他们常常选择自己喜欢的颜色来表现物体。在涂色方面也显得杂乱，控制能力不强等，常常把颜色涂到轮廓线外。到了象征后期，画面上的色彩逐渐丰富起来，儿童也能够按照物体本身的颜色来涂色。在涂色控制方面，能较好地涂色，并且控制能力增强。儿童涂色范例如图 2-4 所示。

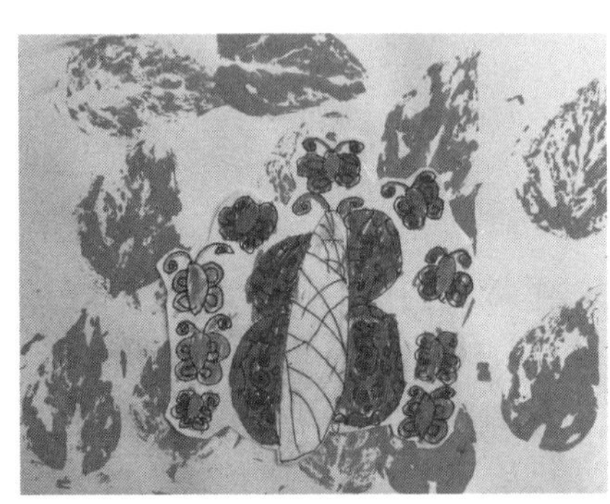

图2-3 散点构图

图2-4 儿童涂色

3. 图式阶段（5 ~ 7 岁）

5 岁左右的儿童已经开始有意识地通过绘画表现自己周围的现实生活了。他们能够完整地表现物象的重要特征。儿童在这一阶段的作品逐渐呈现出模式化的特征，喜欢用固定的样式和画法来表现不同的对象，称作“概念画”。这一阶段是儿童绘画创作的高峰期。

在绘画的造型方面，儿童掌握了用流畅的线条来描绘表现对象的整体形象，同时也开始尝试通过描绘一些细节来表现对象物的基本特征。在描绘人物时，此阶段的人物形象已经有了完整的组成部分和丰富的细部形象（见图 2-5）。人物高矮、性别各有区分；人物有了躯干，还穿上各色的衣服，四肢从身体延伸而出；头部不仅有了眼睛、鼻子、嘴巴，还出现了眉毛、牙齿、耳朵以及不同的发型；手臂也分出了胳膊、手和手指；脚部增加了鞋子或者脚趾。除了人物之外，对于其他事物的描绘也出现了细节特征。

图2-5 大班人物图例

在构图方面，儿童开始注意物体的大小、比例以及上下左右的位置关系和层次感。他们常常会夸大印象深刻的物体，画面中的形象与形象之间的联系也比较简单，层次采用透明画等方式表现（见图 2-6）。此时期的小部分儿童已经开始表现出空间的遮挡关系（见图 2-7）。图式期的儿童在构图上出现了基底线。“儿童变得更客观，画中出现了一种新的空间组织。一条探索性的横线在画纸的底部穿过，上面常常生长着绿草的叶片。在纸的上部，一根平行的线表示天空……开始画这些因素时，儿童常常带着仪式般的热情。只有在他们画完后，他们才准备考虑其他任何问题。” ①

图2-6 透明画

图2-7 遮挡关系

第二节 学前儿童手工能力的发展

学前儿童手工能力是指儿童用手或运用简单工具对各种形态（点状、线状、面状、块状）的具有可塑性的物质材料进行加工、改造的能力（见图 2-8）。

图2-8 儿童手工活动

手工活动是学前儿童美术活动的重要组成部分，学前儿童手工能力的发展与绘画能力的发展过程大致相同，但又不完全一样，根据孔起英在《幼儿园美术教育》一书中的论述，学前儿童手工能力的发展大致可以分为：无目的的活动期、基

① 伊莱恩·皮尔·科汉等. 美术，另一种学习语言 [M]. 尹少淳，译. 长沙：湖南美术出版社，1993：25–26.

本形状期和样式化期三个阶段。①

一、无目的活动期阶段（2 ~ 4 岁）

这个时期的儿童由于手部小肌肉发育不够成熟，认识能力也很有限，所以，手工活动并没有明确的目的，只是一种纯粹的玩耍活动。他们不理解手工工具和材料的性质，还不能正确地使用这些手工工具和材料，如在泥塑活动中，儿童不能有目的地制作出形象，起初他们只是拍打泥团，时而掰开，时而又揉成一个团，享受泥团的触感以及泥团形态的变化感。到这一阶段的后期，儿童能用泥团制作出圆球。在剪纸活动中，儿童还不会正确使用剪刀，纸和剪刀不能配合，即使剪出，也是奇形怪状的纸片。在粘贴活动中，儿童还不清楚胶水的作用，因而也不会使用它。这一阶段的手工作品如图 2-9 所示。

图2-9　无目的活动期阶段的手工作品

此阶段的儿童还没有表现的意图，只是满足于手工操作的过程，享受着自主活动的快感，体验着手工工具和材料的特性。

二、基本形状期阶段（4 ~ 5 岁）

这是儿童无目的的动作逐渐转化为有意图的尝试。4 ~ 5 岁的儿童常常在开始制作时就宣称，他将要做个什么，然后才开始着手制作。在泥塑活动中，儿童开始进入用手团圆、搓长的阶段。起初出现的是棒状形式，到本阶段的后期，棒状出现了粗细、长短的变化。在剪纸活动中，儿童开始时剪得较为顺手，但只限于剪直线，这种情况会持续很长一段时间。这一阶段的手工作品如图 2-10 所示。

三、样式化期阶段（5 ~ 7 岁）

在这一时期，由于儿童手部精细肌肉的发育和手眼协调能力的增强，又学习了一些基本的

① 孔起英．幼儿园美术教育 [M]．北京：人民教育出版社，2004：51–55.

手工工具和材料的使用方法，因而创作表现的欲望很旺盛，他们喜欢用各种工具和材料制作玩物，以表达自己的意愿。

在泥塑活动中，儿童能搓出各种弯曲的、盘旋的棒状物还能制作出立方体和圆柱体，并会用棒状物组合的方式制作出一些复杂的物体。在剪纸活动中，儿童能双手配合着剪曲线，并能剪出自己所希望的形状，如剪简单样式的窗花等。这一阶段的手工作品如图 2-11 所示。

图2-10 基本形状期阶段的手工作品

图2-11 样式化期阶段的手工作品

第三节 学前儿童美术欣赏能力的发展

关于儿童美术欣赏能力的发展，国内外教育专家都有比较深入的研究。

一、加德纳的审美感知发展阶段论

加德纳（Howard Gardner）是当代美国著名的艺术心理学家，他从多种艺术领域出发，比较全面地探讨了人的审美感知发展历程。他将人的审美感知发展分为五个阶段：

1. 婴儿的感知阶段（0 ~ 2 岁）

艺术品对于这一阶段的婴儿而言仅仅是一种普通的刺激物。它的呈现能够在一定程度上促进婴儿一般感知能力的发展，却无法激发婴儿对它的审美感知。因为在这一时期，婴儿的审美感知能力还未从一般感知能力中分化出来。

2. 符号的认识阶段（2 ~ 7 岁）

婴儿期以后，儿童的理解力以及语言表达等能力有了进一步的发展，逐渐能够区分“真”和“假”，即能够区分什么是实在的事物以及实在事物的代表。这一阶段的绝大部分儿童都能够理解图片、图画等艺术品中所描绘的形象、内容是真实世界的代表。并且，这一时期的儿童已经形成了同类事物的表象，表现出对一些美术作品的偏爱。

3.“写实主义”的高峰阶段（7 ~ 9 岁）

在这一阶段，儿童对作品的评价标准主要是“像”与“不像”，即作品看上去是否真实。

因此，对该时期的儿童而言，照片就是最好的艺术品，因为它们的真实感最强。同时，这个时期的儿童的艺术偏爱也相对僵化和呆板。

4.“写实主义”高峰的衰退和审美感受性的出现阶段（9 ~ 13 岁）

在这一阶段，儿童审美感知发展开始发生转变。他们逐渐开始关注美的事物，并表现出对美的极大感受性。逐渐从以“像”与“不像”作为评价艺术作品的标准发展到通过自己的视角来评价艺术作品的美与不美，体现出了儿童对艺术作品独特的审美感受性。

5. 审美专注的危机期阶段（13 ~ 20 岁）

青少年在这一时期往往会出现较大的情感及态度变化。很多青少年开始停止和艺术相关的创作活动，对其他艺术作品的关注程度也逐渐减少。加之这一阶段的大多数青少年的批判能力不断膨胀，导致他们逐渐从各种艺术形式中退出。

二、屠美如的儿童美术欣赏能力发展阶段理论

屠美如将学前儿童美术欣赏发展分为两个阶段。

1. 本能知觉期阶段（0 ~ 2 岁）

这一时期，儿童在欣赏过程中会表现出对一些美术基本要素（如颜色、图案、线条等）的偏爱，并从中获得一种快感。但这仅仅是一种出自本能的快感，由儿童自身的生理机能所决定。因此，处于该阶段的儿童尚不具备真正的审美感知能力。

2. 感知形象期阶段（2 ~ 7 岁）

此阶段的儿童不太关注作品的形式特征，而主要以画面中的形象、题材等相关要素作为对美术作品进行审美感知的切入点，同时表现出对色彩的色相、明度、冷暖、纯度的较强感受性。此外，该时期的儿童已经能够在一定程度上感知和理解相关的艺术表现手段和风格，并且能够初步把握作品的情感表现性，对颜色鲜艳明快、内容熟悉、令人愉快的真实感强的美术作品表现出明显的偏爱。

三、崔学勤的幼儿审美感知特性研究理论

崔学勤在《发展幼儿的审美感知力》一文中论述了幼儿审美感知的相关特性。他认为幼儿审美感知是一种对审美对象的“接受”和“建构”活动。也就是说，审美感知过程不仅仅是幼儿从形式上的感知和接受审美对象过程，同时更是幼儿主动地建构审美对象的生命力及内涵的过程。他将幼儿审美感知的特性主要概括为以下三方面。①

① 崔学勤．发展幼儿的审美感知力 [J]．合肥学院学报：社会科学版，2007（3）．

1. 初始性

幼儿的审美感知尚未发展到成熟阶段。在感知过程中，他们常常通过五官共同感知审美对象。

2. 直感性

由于幼儿还不具备成熟的审美意识，因此主要是以审美对象的直观形象作为感知的首要刺激来把握审美对象的内在特征和情感表现。

3. 差异性

幼儿审美感知能力在发展过程中必然会受到不同程度上的遗传、环境和社会等因素的影响。这些影响决定了幼儿审美感知的特点存在差异性。

四、林琳、朱家雄的儿童审美感知发展阶段理论

林琳、朱家雄在其所编著的《学前儿童美术教育》一书中从儿童美术欣赏的角度出发，论述了关于审美感知发展阶段的理论研究。①

1. 直接感知阶段（0 ~ 2 岁）

当代发展心理学对婴儿认知研究的新成果表明，婴儿视觉和听觉的发展已相当活跃。儿童生命的最初几个月，视觉发展非常快，六个月婴儿的视觉功能在许多方面已接近成人。视觉集中现象在婴儿出生后两个月表现得比较明显，对鲜艳明亮的物体，尤其是对人脸容易产生视觉集中，表现出意味深长的偏好。

美国心理学家范茨，通过习惯化行为测量发现，出生两天的新生儿就能注视像面孔一样的模式刺激物，而不喜欢看没有图形模式的圆盘。婴儿似乎对人的面孔有特别的兴趣，他们注视人的面孔的时间比注视其他模式的时间更长。其他学者进一步研究发现，引起婴儿注视的是图像的明暗交替模式或轮廓。婴儿在图像识别中，对明暗交替的差异特别敏感。研究者采用了多种黑白相间的格子或条纹图像进行测试，发现婴儿偏爱明暗对比鲜明或颜色对比鲜明的图像，不喜欢空白、无条纹、无明度和单色的图像。

新生儿出生后不久，便出现了颜色视觉。有人给 3 个月的婴儿呈现两个亮度相等但一个是彩色，另一个是灰色的色盘，测定他们对两个色盘注视的时间。研究发现，婴儿在彩色色盘上注视的时间比灰色色盘长一倍。一般认为，婴儿约从第 4 个月起开始对颜色有分化性反应，已能辨别彩色和无彩色。波长较长的暖色（红、橙、黄）比波长较短的冷色，（蓝、紫）更容易引起婴儿的喜爱，红颜色的物体特别容易引起儿童兴奋。

美国教育心理学家加德纳认为，2 岁以内婴儿的感知能力和审美感知能力一般都还没有分

---

① 林琳，朱家雄. 学前儿童美术教育 [M]. 上海：华东师范大学出版社，2006：66-68.

化，但是他们的感知能力的发展为其审美偏爱和审美感知奠定了基础。

2. 主观的审美感知阶段（2 ~ 7 岁）

随着认知能力的发展，儿童在其美术欣赏感知和理解方面表现出以下特点。

（1）强烈地注意颜色

儿童在感知作品时很在乎画面的色彩，那些色彩鲜艳的作品往往为他们所喜爱。玛丽•卡尔金思曾把儿童对画的选择与成年人的选择做了比较，结论表明“对于儿童来说，色彩的美比形式的美以及没有色彩的光和影更有吸引力”。我国有学者做过“儿童对美术作品审美偏爱”的实验研究，其结果也表明美术作品色彩的丰富和鲜艳程度与被试儿童的偏爱人数成正比。

（2）对绘画题材产生自由联想的反映

儿童在感知和理解美术作品的过程中，常常出现对绘画题材的自由联想，且常与自己的生活经验相联系。例如，孩子们在欣赏莱歇的《向大卫•路易致敬》时，有孩子指着画中的自行车说：“这辆自行车很好看，一百多元，骑着到家乐福去玩，可以买很多好吃的东西。”

（3）关注画面的局部特征

在感知一幅美术作品时，儿童往往只注意作品中所表现的局部特征。这种特征，“可能是由儿童视知觉往往只注意事物的局部，而不注意事物的整体”。

总之，学前儿童美术能力是随着其生理、知觉能力、情感态度、智力和生活经验的发展而发展的。学前儿童美术能力在其发展过程中体现出以下特点。

第一，学前儿童美术能力的发展，既有连续性又有阶段性。儿童的绘画、手工制作、美术欣赏能力的发展表现为几个不同水平的阶段。每个阶段都有不同的行为模式和特点，这些行为模式都是建立在前一阶段发展的基础之上的。同时，每个发展阶段到了后期便出现了下一阶段行为特征的萌芽。由此可见，学前儿童美术能力的发展是一个由量变到质变的过程。

第二，学前儿童美术能力发展的历程基本上是一致的，不管是绘画发展、手工发展还是美术欣赏的发展，从发展的第一阶段开始，儿童的行为特征便表现出相似性，其发展的过程也大致一样。在这个发展过程中，每个阶段不能跨越，亦不能倒置。不同的儿童只有在各阶段停留时间长短的个体差异，在美术发展的阶段特征上没有实质性的差异。虽然儿童美术发展阶段的发生年龄因个体、文化和环境的差异而有所不同，但无论差异多大，也不能改变其发展的定向性和先后次序。

第三，学前儿童美术能力的发展体现出较为明显的从自我中心向客观化发展的趋势。例如，在学前儿童绘画发展过程中，就明显地表现出儿童以自我为中心到拥有更开阔视野的发展变化。儿童手工制作，以及美术欣赏能力的发展也是如此。

复习与思考：

1. 试论学前儿童绘画能力的发展阶段。
2. 学前儿童手工能力的发展阶段是怎样划分的？
3. 综述学前儿童审美感知的发展。

教学拓展：

1. 整理国内外关于学前儿童绘画能力的发展论述。
2. 搜集学前儿童绘画作品并分析出作品创作者所处的发展阶段。

第三章

学前儿童美术教育活动的目标和内容

本章学习要点：

了解教育目的、教育目标、课程目标的区别。

了解制定学前儿童美术教育活动目标的依据。

了解学前儿童美术教育的总目标。

掌握学前儿童美术教育活动的内容。

第一节 学前儿童美术教育活动的目标

学前儿童美术教育活动是一个包括目标、内容、方法、组织形式以及评价在内的完整体系，是以培养儿童美术核心素养为主导的教育活动。实施学前儿童美术教育活动，首先就要制定明确科学的目标体系。

学前儿童美术教育活动的目标是学前儿童美术教育的目的和要求的归纳，是学前儿童美术教育的具体标准和要求，是指导学前儿童美术活动设计与实施过程的关键准则。

一、幼儿园美术教育目标的地位

从教育体系建构的角度出发，教育目标是这样定位的：如果以目标概括性程度为准则，可以依次分为教育目的、教育目标、课程目标等。

教育目的是指教育的总体方向，它所体现的是普遍的、总体的、终极的教育价值。教育目标是教育目的的下位概念，它所体现的是不同性质的教育和不同阶段的教育价值，如基础教育、高等教育、职业教育、成人教育分别具有不同的教育目标。课程目标是教育目标的下位概念，它是具体体现在课程开发与教学设计中的教育价值，如不同学科的目标。

幼儿园教育目标是国家规定的教育目的在幼儿园阶段的具体化。在幼儿园教育目标体系中，幼儿园教育目标从上到下一般可分为以下五个层次。

（1）幼儿园教育目标，即总目标。《幼儿园工作规程》所表述的幼儿园保育教育目标，就属于这一层次。

（2）幼儿园课程目标，或者称为“领域目标”。

（3）年龄阶段目标。

（4）单元目标。

（5）教育行为目标。

这五个层次，构成了一个金字塔式的幼儿园教育目标系统。幼儿园课程目标是幼儿园教育目标的下位概念，是幼儿园教育目标在课程领域的具体化，它是按照国家教育方针，根据儿童身心发展状况，在一定时期内，通过完成规定的教育任务所设计的教育内容而使儿童要达到的培养目标。它是国家教育目的和教育目标在教育过程中的具体体现，是课程编制、课程实施、课程评价的准则和指南。

在幼儿园教育目标体系当中，学前儿童美术教育目标属于幼儿园课程目标，是对学前儿童美术教育的目的和要求的归纳，集中体现了学前儿童美术教育的指导思想，是儿童阶段实施美术教育的方向和准则。它上接幼儿园教育目标，下连年龄阶段目标，是起桥梁作用的中介教育目标。因此，学前儿童美术教育目标是学前儿童美术教育目的和要求的归纳，是幼儿园美术教育的具体标准和要求。

当今中国教育已经进入了核心素养时代，教育目标发生了根本改变，导致教学关注点也随之发生了迁移。美术学科也提炼出了自己的五个学科核心素养，即图像识读、美术表现、审美判断、创意实践和文化理解，从而形成了新的学科核心素养的培养目标。美术课程目标的改变，美术教学方法“辄从之以转移”，形成所谓“学科核心素养本位的美术教学”，其关键是在问题情境中引导学生选择和获取知识，并学会解决问题，进而形成学科核心素养。总而言之，这是一个从知识传承转向关注人的可持续发展的儿童艺术领域的目标。这不仅体现了学前儿童美术教育理念的进步，更与我国迈入新世纪后经济、科技等发展相适应。

二、学前儿童美术教育目标制定的依据

学前儿童美术教育活动的目标制定的依据主要是学前儿童美术发展的规律、学前儿童美术教育科目本身的特点，以及社会文化发展对学前儿童美术教育的要求。

1. 学前儿童美术发展的规律

制定学前儿童美术教育活动目标的重要依据之一是学前儿童美术发展的规律。儿童美术的发展有其共同的规律，它能从视觉符号和视觉形象的角度，反映出儿童认知、情感和社会发展的水平；每一个儿童美术的发展又有其独特性，它能从视觉符号和视觉形象的角度，反映出儿童个体与众不同的个性、兴趣和需要。学前儿童美术教育活动的目标，既要顾及全体儿童的发展水平，又要顾及儿童个体之间存在的差异，使目标能真正有益于儿童的发展。

苏联心理学家维果茨基认为，教师至少应该确定儿童的两种发展水平——“现有发展水平”和“最近发展区”。他批评了传统的教育学，认为它是以儿童的现有发展水平为依据的教学，定向于儿童思维已经成熟的特征，定向于儿童能够独立做到的一切，然而这只是教学的最低界限。他指出，除了最低教学界限外，还存在着最高教学界限，这两个界限之间的期限就是“教学最佳期”，它是由“最近发展区”决定的。他认为，教学必须走在发展的前面，促进儿童的发展，这样的教学才是好的教学。

学前儿童美术教育目标的制定，应该遵循这一原则，即在儿童现有美术能力发展水平的基础上确定儿童可能达到的潜在发展水平，这个潜在的美术能力发展水平就可作为学前儿童美术

活动的目标。让儿童在这样一种水平上自由地表现自我，使儿童能在这种美术游戏中实现完善自我的价值。

当然，每一名儿童的美术发展水平又有其独特性和差异性，学前儿童美术活动的目标，既要照顾全体学前儿童的共性发展水平，又要顾及个体之间发展的差异性。这样的活动目标能激发和形成儿童目前还不存在的心理机能，使学前儿童美术的表现日趋接近合乎美学基本原理的表现方式。

2. 学前儿童美术教育科目本身的性质

对学前儿童美术教育这一科目的性质的认识也是制定学前儿童美术教育活动目标的一个依据。因为学前儿童美术教育科目具有与其他科目不同的基本概念、逻辑结构、学习方式和发展趋势。

学前儿童美术是儿童从事的视觉艺术活动，通过自己发展的或者习得的“美术语言”，如线条、造型和色彩等，创造可视的形象，以表达儿童对周围客观事物的认识和感受。在幼儿园美术活动中，如何既尊重儿童自发创造和发展的美术符号系统和美术形象，又要让儿童的美术表现手法逐渐纳入符合美学原理和原则的创作轨道；如何在活动中既要给予儿童充分的自由，让儿童有强烈的创作动机，又要顾及美术技能技巧的学习过程，符合美术教育这一科目的特点，有序地、循序渐进地进行学习，这些问题与活动目标的制定有着十分密切的关联。

我国台湾学者陈武镇说过：“美术教育是一把双刃剑，教得多了，学生极易成为教学内容与教师偏好的奴隶……教得少了，期待自然开花结果，却常见学生为技巧不足的挫折感受所苦，学习的过程空有刺激而没有收获。”因而，教师要充分把握好教与不教的度。

3. 学前儿童美术教育应与时俱进

学前儿童美术教育活动的目标直接或者间接地反映着社会文化对学前儿童美术教育的要求，或多或少地打上了时代的烙印。个体儿童的发展总是与社会的发展交织在一起的。社会在任何时候都有这样的一种需要，即把社会文化遗产传递给下一代。作为社会文化的一个组成部分，美术历来被视为人类文明的精华和标志，社会文化要在美术领域加以传递、保存和更新。社会文化对教育的这一要求应体现在学前儿童美术教育活动的目标之中。

三、学前儿童美术教育目标体系

1. 学前儿童美术教育的总目标

总目标是确定其他层次目标的依据，是幼儿园美术教育活动目标最概括的表述。2001 年，我国教育部制定并颁布了《幼儿园教育指导纲要（试行）》（以下简称《纲要》），把幼儿园教育划分为健康、语言、社会、科学、艺术五个领域。《纲要》明确规定了幼儿园艺术教育的目标如下。

（1）能初步感受并喜爱环境、生活和艺术中的美。

（2）喜欢参加艺术活动，并能大胆地表现自己的情绪和体验。

（3）能用自己喜欢的方式进行艺术表现活动。

为能达到上述目标，《纲要》还列出了幼儿园艺术教育的内容和要求，具体如下。

（1）引导儿童接触周围环境和生活中美好的人、事、物，丰富他们的感性经验和审美情感，激发他们表现美、创造美的情趣。

（2）在艺术活动中面向全体学前儿童，要针对他们的不同特点和需要，让每个儿童都得到美的熏陶和培养。对有艺术天赋的儿童要注意发展他们的艺术潜能。

（3）提供自由表现的机会，鼓励儿童用不同艺术形式大胆地表达自己的情感、理解和想象，尊重每个儿童的想法和创造，肯定和接纳他们独特的审美感受和表现方式，分享他们创造的快乐。

（4）在支持、鼓励儿童积极参加各种艺术活动并大胆表现的同时，帮助他们提高表现的技术和能力。

（5）指导儿童利用身边的物品或废旧材料制作玩具、手工艺品等来美化自己的生活或开展其他活动。

（6）为儿童创设展示自己作品的条件，引导儿童相互交流、相互欣赏、共同提高。

2. 学前儿童美术教育各年龄阶段目标

2012年10月15日，教育部发布了《3-6岁儿童学习与发展指南》（以下简称《指南》），从健康、语言、社会、科学、艺术五个领域描述幼儿学习与发展，分别对3～4岁、4～5岁、5～6岁三个年龄段的幼儿应该知道什么、能做什么，大致可以达到什么发展水平提出了合理期望。同时，针对当前学前教育普遍存在的困惑和误区，为广大家长和幼儿园教师提供了具体、可操作的指导和建议。

《指南》指出：艺术是人类感受美、表现美和创造美的重要形式，也是表达自己对周围世界的认识和情绪态度的独特方式。

每个儿童心里都有一颗美的种子。儿童艺术领域学习的关键在于充分创造条件和机会，在大自然和社会文化生活中萌发儿童对美的感受和体验，丰富其想象力和创造力，引导儿童学会用心灵去感受和发现美，用自己的方式去表现和创造美。

儿童对事物的感受和理解不同于成人，他们表达自己认识和情感的方式也有别于成人。儿童独特的笔触、动作和语言往往蕴含着丰富的想象和情感，成人应对儿童的艺术表现给予充分的理解和尊重，不能用自己的审美标准去评判，更不能为追求结果的“完美”而对儿童进行千篇一律的训练，以免扼杀其想象与创造的萌芽。

《指南》从感受与欣赏、表现与创造两个方面，具体对不同年龄阶段儿童规定了活动目标和教学建议。

（1）感受与欣赏

感受与欣赏方面的活动目标如表 3-1 和表 3-2 所示。

表3-1　目标1：喜欢自然界与生活中美的事物

年龄	3～4岁	4～5岁	5～6岁
目标	喜欢观看花草树木、日月星空等大自然中美的事物	在欣赏自然界和生活环境中美的事物时，关注其色彩、形态等特征	乐于收集美的物品或向别人介绍所发现的美的事物

教育建议：

和儿童一起感受、发现和欣赏自然环境和人文景观中美的事物。例如：让儿童多接触大自然，感受和欣赏美丽的景色和好听的声音。

经常带儿童参观园林、名胜古迹等人文景观，讲讲有关的历史故事、传说，与儿童一起讨论和交流对美的感受。

和儿童一起发现美的事物的特征，感受和欣赏美。例如：让儿童观察常见动植物以及其他物体，引导儿童用自己的语言、动作等描述它们美的方面，如颜色、形状、形态等。

支持儿童收集喜欢的物品并和他一起欣赏。

表3-2　目标2：喜欢欣赏多种多样的艺术形式和作品

年龄	3～4岁	4～5岁	5～6岁
目标	乐于观看绘画、泥塑或其他艺术形式的作品	1．能够专心地观看自己喜欢的文艺演出或艺术品，有模仿和参与的愿望。 2．欣赏艺术作品时会产生相应的联想和情绪反应	1．艺术欣赏时常常用表情、动作、语言等方式表达自己的理解。 2．愿意和别人分享、交流自己喜爱的艺术作品和美感体验

教育建议：

创造条件让儿童接触多种艺术形式和作品。例如：和儿童一起用图画、手工制品等装饰和美化环境；带儿童观看或共同参与传统民间艺术和地方民俗文化活动，如皮影戏、剪纸和捏面人等；有条件的情况下，带儿童去剧院、美术馆、博物馆等地方欣赏文艺表演和艺术作品。

尊重儿童的兴趣和独特感受，理解他们欣赏时的行为。例如：理解和尊重儿童在欣赏艺术作品时的手舞足蹈、即兴模仿等行为；当儿童主动介绍自己喜爱的舞蹈、戏曲、绘画或工艺品时，要耐心倾听并给予积极回应和鼓励。

（2）表现与创造

感受与欣赏方面的活动目标如表 3-3 和表 3-4 所示。

表3-3　目标1：喜欢进行艺术活动并大胆表现

年龄	3～4岁	4～5岁	5～6岁
目标	经常涂涂画画、粘粘贴贴并乐在其中	经常用绘画、捏泥、手工制作等多种方式表现自己的所见所想	积极参与艺术活动，有自己比较喜欢的活动形式。 能用多种工具、材料或不同的表现手法表达自己的感受和想象。 在艺术活动中能与他人相互配合，也能独立表现

教育建议：

① 创造机会和条件，支持儿童自发的艺术表现和创造。

② 提供丰富的便于儿童取放的材料、工具或物品，支持儿童进行自主绘画、手工、表演等艺术活动。

③ 经常和儿童一起绘画、制作，共同分享艺术活动的乐趣。

④ 营造安全的心理氛围，让儿童敢于并乐于表达表现。例如：赞赏他独特的表现方式。

⑤ 在儿童自主表达和创作过程中，不做过多干预或把自己的意愿强加给儿童，在儿童需要时再给予具体的帮助。

⑥ 了解并倾听儿童艺术表现的想法或感受，领会并尊重儿童的创作意图，不简单用“像不像”“好不好”等成人标准来评价。

⑦ 展示儿童的作品，鼓励儿童用自己的作品或艺术品布置环境。

表3-4　目标2：具有初步的艺术表现与创造能力

年龄	3～4岁	4～5岁	5～6岁
目标	能用简单的线条和色彩大体画出自己想画的人或事物	能运用绘画、手工制作等表现自己观察到或想象的事物	能自编自演故事，并为表演选择和搭配简单的服饰、道具或布景。 能用自己制作的美术作品布置环境、美化生活

教育建议：

① 尊重儿童自发的表现和创造，并给予适当的指导。

② 鼓励儿童在生活中细心观察、体验，为艺术活动积累经验与素材。例如：观察不同树种的形态、色彩等。

③ 提供丰富的材料，如图书、照片、绘画等，让儿童自主选择，用其自己喜欢的方式去模仿或创作，不做过多要求。

④ 根据儿童的生活经验，与儿童共同确定艺术表达表现的主题，引导儿童围绕主题展开想象，进行艺术表现。

⑤ 儿童绘画时，不宜提供范画，特别不应要求儿童完全按照范画来画。

⑥ 肯定儿童作品的优点，用表达自己感受的方式引导其提高。例如："你的画用了这么多红颜色，感觉就像过年一样喜庆""你扮演的大灰狼声音真像，要是表情再凶一点就更好了"等。

《纲要》与《指南》中对于学前儿童美术活动的目标比较概况，在实施美术教育活动时，要根据不同的活动内容（绘画、手工、欣赏）进一步分化和细化教育目标，一般可以从认知目标、情感目标、技能目标、创造目标四个维度目标做出不同的要求。这四种目标虽然侧重于不同的方面，但是却存在着密切的联系。在制定和实施这些目标时，应注重它们之间的联系及互相转化。在追求某种目标时，要避免孤立与绝对，抑制其他目标的实现。具体如表 3-5 ~ 表 3-7 所示。

表3-5　各年龄阶段绘画活动目标

目标	小班（3～4岁）	中班（4～5岁）	大班（5～6岁）
认知目标	初步认识绘画的工具和材料；学会辨别红、黄、蓝、绿等几种基本的颜色，并能说出名称；学会辨别和感受直线、曲线、折线及各种线条的变化	能较准确地把握形状的基本结构，理解形状符号的象征意义；认识常见的固有色，说出它们的名称	认识物体的整体结构和各种空间关系；增强配色意识，提高对颜色变化的辨析能力；知道运用不同的绘画工具和材料能表现不同效果的作品
情感目标	培养儿童对绘画的兴趣，能愉快大胆地作画	喜欢用自己独特的绘画语言表达自己的想法和感觉	在安排画面的过程中逐步体会均衡、对称、变化等形式美
技能目标	学会使用蜡笔、水彩笔、棉签等工具进行涂染；能画出直线、曲线、折线，并能表现线条的方向、粗细、疏密；学会用圆形、方形、长方形、三角形等简单图形表现物体的轮廓特征	学会运用图形组合方法，表现物体的基本部分和主要特征；会选择与物体相似的颜色，初步有目的地设色、配色；在教师的引导下能围绕主题安排画面，能表现出物体的上下、左右位置	能较灵活地表现各种人物、动物的动态；能运用对比色、类似色、同种色等多种配色方法，注意色彩的整体感和内容的联系；能有目的地安排画面，表现一定的情节，并变化多种安排画面的方法
创造目标	引导儿童在涂抹过程中把画面画满；初步学会用图形和线条组合创造各种图式	能大胆地按意愿作画	能将图形融合，尝试用轮廓线创造多种图画，形成自己的图式；综合运用多种绘画工具和材料进行绘画创作

表3-6　各年龄阶段手工活动的目标

目标	小班（3～4岁）	中班（4～5岁）	大班（5～6岁）
认知目标	初步熟悉泥工、纸工等材料、工具，了解泥的可塑性质，了解纸的性质	进一步熟悉泥工、纸工及自制玩具的工具和材料	了解各种纸张的不同性质，知道不同性质的纸张具有不同的表现效果；对自制玩具的材料加以分类，以获得选择、收集这些材料的经验

续表

目标	小班（3～4岁）	中班（4～5岁）	大班（5～6岁）
情感目标	通过玩泥、撕纸等活动，体验手工活动的快乐	通过泥工、纸工及自制工具的活动来积极投入手工作品的创作，并培养儿童对手工活动的兴趣	体验综合运用不同手工材料制作作品的快乐；喜欢用手工表达自己的想法和情感
技能目标	掌握泥工中团圆、搓长、压扁等基本技能；学习撕纸、粘贴，初步撕出简单形状并粘成画；初步学会用自然材料（石子、豆子、树叶等）拼贴造型；学会用印章、纸团、木块等材料蘸上颜色在纸上敲印	能正确使用剪刀剪出方形、圆形、三角形及组合形体，并拼贴成画；掌握折纸的基本技能，折出简单的玩具；学习用泥塑造出物体的基本部分和主要特征；掌握撕纸的基本技能，撕出简单的物体轮廓	用泥塑造人物、动物等较复杂结构的形体，能表现物体的主要特征和细节，能集体分工合作塑造群像，表现某一主题或场面；能用各种纸张制作立体玩具；能用无毒、安全的废旧材料制作玩具并加以装饰
创造目标	能大胆运用印章、纸团、木块等在纸上按意愿压印	能大胆地运用泥按意愿塑造；能大胆地用纸按意愿撕、剪出各种物体轮廓	能综合运用剪、折、撕、粘、连接等技能，独立设计制作玩具

表3-7　各年龄阶段美术欣赏活动目标

目标	小班（3～4岁）	中班（4～5岁）	大班（5～6岁）
认知目标	知道从自然景物、艺术作品中能享受到视觉艺术的美	通过欣赏作品，了解作品的主题和基本内容	通过欣赏，了解作品的形状、色彩、结构等美术要素；了解作品的表现手法、艺术风格和创作意图
情感目标	喜欢观看、欣赏艺术作品；对美术作品、图书中的各种形象艺术感兴趣；初步体验作品中具有不同“性格”的线条；通过欣赏老师及同伴的作品培养对欣赏的兴趣	能体验作品中线条、形状、色彩、质地等；通过欣赏产生与作品相一致的感受	喜欢各种不同风格的美术作品
技能目标	初步学会运用线条表现力度感、节奏感	感受作品的色彩变化及相互关系。感受作品中形象的鲜明性和象征性，并体验其情感；感受作品的构成，体验作品的对称、均衡、节奏	能感受作品的色调、色彩之间的变化；能感受作品中形象的象征性、寓意性；能感受作品中的形式美
创造目标	初步运用动作、表情等表达自己欣赏后的感受	通过欣赏，说出自己喜爱或不喜爱作品的理由，并对作品简单评价	在欣赏和评价他人的作品时，能讲述自己独特的观点

四、基于“核心素养”的学前儿童美术教育目标

1. “图像识读”，儿童能够学会看

图像作为人类的传播与交流工具之一，在历史上发挥了独特的作用，当今更是随着网络与多媒体的发展，重新焕发了新的生命力，在表达思想、情感和意图方面发挥着越来越大的功能，以致有人将我们所处的时代称为“读图”时代。现代人，包括成长中的少年儿童，只有具备了图像识读素养，才能从浩繁的图像中甄别和获得有益的信息，丰富自己的精神世界，满足物质生活的需求。图像识读是指对美术作品、图形、影像及其他视觉符号的观看、识别和解读。在学前儿童美术主题活动的设计中要以图像识读的能力培养为目标，为儿童能够分辨、判断、选择和解读生活中的各种视觉文化现象和信息打下坚实的基础。

2. “美术表现”，学习一种美术技能

美术表现指运用传统与现代媒材、技术和美术语言创造视觉形象进行直观的表达。比如用照相机或手机拍摄照片或视频，用计算机软件改变和创造图像，用剪、刻、撕纸的方式做出一个形象，用笔在纸上描绘一幅示意图和关系图表达和呈现自己的想法，都属于美术表现。如李闽剪纸就是利用计算机处理分层，然后多层叠加，形成了剪纸的新表现形式（见图 3-1）。在儿童美术主题活动设计中，着眼于儿童通过美术学习形成一定的空间意识和造型意识，了解并能运用各类媒介、材料，表达自己的意图、思想和情感。

图3-1 李闽剪纸

3. “审美判断”，培养儿童审美趣味

审美判断是指对美术作品和现实中的审美对象进行感知、评价、判断与表达。其前提是形成美感和建立内在的审美标准，尤其要知晓对比与协调、对称与均衡、节奏与韵律、多样与统一等和谐呼应的形式美法则。学前儿童美术活动设计要着眼于培养儿童的审美判断能力，学会欣赏美的事物，帮助儿童建构内心丰富的情感和对生活的敏锐感悟能力。

4. “创意实践”，关注儿童创新思维和动手实践活动

创意实践指由创新意识主导的思维和行为。创新意识，是指个人做任何事情都能够在正面

价值的引导下追求创造和新意的自觉。创新也是艺术的生命源泉。美术更是一个没有唯一答案、能够包容个性的学科。学前儿童美术主题活动设计要体现美术学科独特的创造性特点，从不同地域文化和个性经验中吸收不同的创造方法，激发儿童的想象力和创造力，从而逐步获得创意实践素养。

5. “文化理解”，能够理解作品的文化意义

文化理解指从文化的角度观察和理解美术作品和不同的文化现象，这一素养将帮助少儿形成文化视野，用文化的眼光观察社会和人类。我们看问题可以有不同的角度，如哲学的角度、历史的角度、社会的角度等。文化也是一个很重要的角度，有人称之为文化视野。从文化的角度看事物是整合的，因为文化是跨学科的，可以将很多方面和学科整合其中。学前儿童美术主题活动设计要深入形成文化观的设计理念，这也符合儿童教育内容中整合的教育观。对于美术活动设计来说，我们可以通过作品“以小观大”，透过当时的作品进而感知当时的社会文化，也可以“以大观小”，通过对当时文化特征的认识，理解具体作品的意涵和作者的心境表达。

这五个方面是从美术学科五个核心素养出发进行的可以具体操作的目标。美术学科五个核心素养不是专门针对美术专业人士而设定的，而是面向全体公民的。少儿时期是获得美术学科核心素养的关键期，因此，核心素养的培养必须从学前抓起。在学前儿童美术主题活动中要具体地设计基于五大核心素养理念的可操作执行的设计内容和目标。①

第二节 学前儿童美术教育活动的内容

学前儿童美术教育的内容是实现学前儿童美术教育目标的媒介，是美术教育目标能否达成的关键。

一、学前儿童美术教育活动内容设计的依据

1. 可接受性

教师在选择美术教育内容时要着眼于儿童的发展，以儿童的生活经验为基础，选择那些儿童熟悉的、感兴趣的、有愉快情绪体验的内容，而不是从教师的主观愿望出发，片面强调美术知识的获得和技能的训练。美术活动要根据儿童年龄特点由浅入深、循序渐进，活动设计既要考虑儿童已有的发展水平，引导其在这样一种水平上自由地表现自我，又能促进达到新的发展水平，在美术活动或游戏中实现自我价值的肯定与完善。过高或过低估计儿童的发展水平，都很难实现预期的教学目标和效果。

① 吕静．基于绘本的幼儿美术主体活动设计研究 [C]．山东：山东师范大学，2017．

2. 系统性

系统性是指根据学科知识系统、技能系统和学生的可接受性，采取直线式或螺旋式组织和构建的循序渐进的教学内容体系。系统化的内容有助于儿童心智结构的建构，内容的系统化指内容的安排要有序，由易到难，由简单到复杂，层层推进，逐步深化，遵循儿童的学习方式和特点，创设多样化的教育环节，在游戏、情景、故事、区角以及日常活动中进行美术教学。

3. 整合性

美术活动是非常适合儿童成长和发展的学科活动，在内容的安排和选择上，不仅要考虑美术能力的发展，还要考虑儿童其他领域的协调发展。

整合是指教师将学前儿童教育中同一领域不同方面的内容、不同领域的内容进行重组从而产生有机的联系。这种整合可以帮助儿童建立起各种学习内容之间的内在联系，巩固他们对周围事物的认识和理解。

例如，小班主题活动“笔宝宝跳舞”，在课堂前一段先欣赏一段节奏明显的轻音乐和华尔兹音乐，并随教师点头、拍手、一起跳。之后介绍新朋友——“水彩笔”，设计情景，让小朋友牵手水彩笔，在“舞池里”跳起点点舞和优美滑动的华尔兹舞蹈。这次活动就是音乐和美术两门学科很好的整合。

4. 民族性

民族性是指教学内容能体现中华民族的美术文化特点。我国传统美术有着悠久的历史，有着与西方美术截然不同的艺术形式与表现观念。民族传统美术文化是每个中国公民应该理解和熟悉的，也是进行爱国主义教育的内容。

现在不少的幼儿园，尤其是民办幼儿园热衷于请外教、“过洋节”（见图 3-2），相比之下，我国的传统节日却很少有如此热闹的场面。

图3-2 幼儿园过洋节

中国传统节日的内涵比较丰富，其中的文化和精神价值需要被我们提倡与强化。作为幼儿园或家长，可以在重阳节、端午节、中秋节、元宵节等中国传统佳节多让孩子了解一些跟节日有关的文化和传统（见图 3-3）。

图3-3　幼儿园过中国传统节日

另外，民间美术是民族传统美术的重要组成部分。中华民族有 56 个民族，各地区、各民族都有珍贵的美术遗存和独特风格的美术作品，教育学生热爱家乡，还应有一定比例的乡土美术内容。

二、学前儿童美术教育活动内容

学前儿童美术教育活动的主要内容，归纳起来主要有绘画、手工和美术欣赏三大部分。这三部分的美术教育活动既相互独立又有交叉，是学前美术学习与体验的重要活动形式。

1. 绘画教育活动的内容

绘画活动是儿童使用绘画工具和材料，运用点线面、色彩、构图等造型手段，创造艺术形象，来表达儿童的思想、情感的活动。绘画教育活动内容按照使用的工具和材料、题材和形式上有不同的类别。

（1）绘画的工具和材料

按照工具和材料分类，绘画可分为彩笔画、油画棒画、色粉笔画、刮画、拓印画、喷洒画、吸附画、水墨画、彩粉画、纸版画等。

（2）绘画的题材

按照题材内容分类，绘画可分为常规题材画和主流题材画。

① 常规题材

在儿童的绘画中，人物画是永久的话题。他们从自己的身体开始，比如，最初他们画中关注的是身体的某个部位，像“拉屎”“刷牙”“漂亮的衣服”等；然后扩大到家庭、身边的人，如“凶狠的妈妈”“可爱的姑姑”“奶奶带我去逛街”“快乐的一家人”“我的好朋友”等；最后到想象世界，如“外星人”“妖怪”“机器人”等。儿童人物画如图 3-4 所示。

动物画也是儿童常常表现的题材，他们在这个题材上注入自己的认识和生活经验，发挥想象力，如“花蝴蝶”“蚂蚁的家”“小熊过生日”等。孩子们往往在无须诱导、鼓励的情况下自己发现有意义的题材。如果哪个小朋友家里的猫生了小猫咪，马上会成为全班的头号新闻。儿童动物画如图 3-5 所示。

图3-4（a） 儿童人物画

图3-4（b） 儿童人物画

图3-4（c） 儿童人物画

图3-5（a） 儿童动物画

图3-5（b） 儿童动物画

叙事性题材画大多是孩子们将自己感兴趣的或对其触动较大的事件用图画的形式表现出来，以表达自己的感情和情绪，比如“第一场冬雪”“暴风雨”“节日就要到来”“失火”等题材。有的题材适合于特别的孩子，而有些则适合于任何年龄的孩子，如“姑姑给我买了一个洋娃娃”“我的新衣服”等。当孩子们急于表达自己的时候，不要在时间和题材上限制他们。儿童叙事画如图 3-6 所示。

② 主流题材

主流题材画是指儿童用绘画的形式弘扬祖国传统文化，传播正能量，采用当下比较流行的题材、重大的节日、国家的大事件等进行创作，比如“儿童的节日”“和平”“环保”“植树节”“我爱家乡”等。儿童环保或爱家乡画如图 3-7 所示。

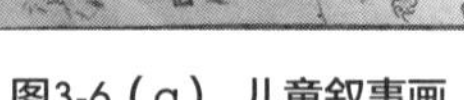

图3-6（a） 儿童叙事画

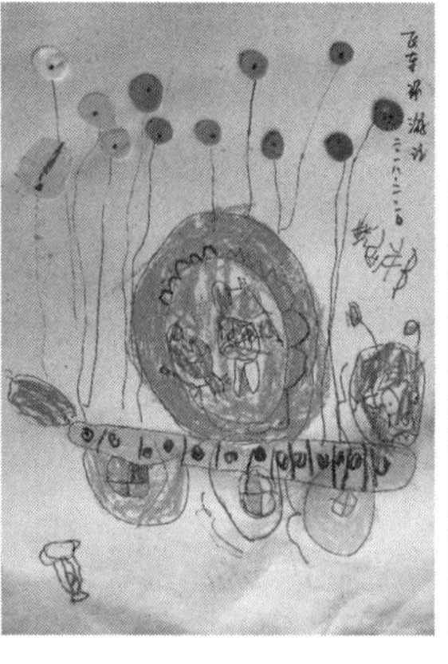

图3-6（b） 儿童叙事画

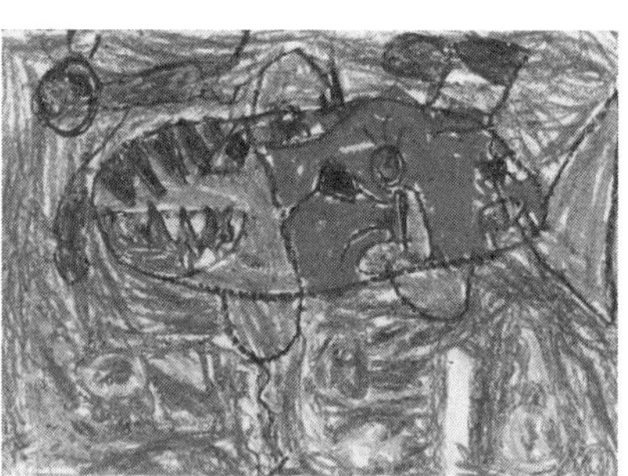

图3-6（c） 儿童叙事画

图3-7（a） 家乡的夏天

图3-7（b） 家乡的大戏台

（3）绘画的语言及形式美

① 绘画的语言

绘画，就是用点线面、色彩等语言要素，通过一定的媒介，完成的视觉形象，来表达作者的思想和情感。

在绘画的语言要素训练中，应注意训练儿童对点线面的练习，比如通过线描装饰画的练习，训练儿童对点的大小、线的曲直、面的深浅练习；通过写生、观察，使学生感受绘画语言要素的不同组合；通过不同绘画工具的练习，掌握水性颜料的性质、油性颜料的性质、各种颜色的混合等。

② 绘画的形式美

形式美是人类在创造过程中对美的形式规律的经验总结和抽象概括。在幼儿园的美术教育活动中，教师应深入浅出，用孩子能够接受的语言来引导儿童进行意识美感的再创作，重点是感受。比如，注意构图形式、简单的大小对比、对称、和谐等。

2. 手工教育活动的内容

儿童的手工活动是通过使用简单的工具或徒手操作，对材料进行加工创造的一种造型活动。手工教育活动，除了可以发展儿童双手灵活性和实际操作能力，还能培养儿童耐心、细致的学习品质。

学前儿童手工教育活动按照材料的性质可分为纸工、泥工、综合材料制作等。

（1）纸工

纸工是以不同性质的纸为主要材料，运用折、剪、撕、贴等各种技能进行造型的活动。纸工活动有助于训练儿童手指肌肉及手指的灵活性，培养儿童的目测能力、空间想象能力，帮助儿童认识几何图形的特征、变化等。

小班儿童的纸工活动的主要内容包括：折纸、剪纸、撕纸和粘贴。不同年龄段的儿童在上述四方面的内容和要求各不相同（见表 3-8）。

表3-8 不同年龄段纸工教育活动内容

年龄段	内容
小班	玩纸、撕纸和粘贴：在玩纸、撕纸的过程中体验纸的不同特性，发现各种形状的变化，并初步撕出一些简单的形状
中班	折纸、撕纸、粘贴和少量的剪纸：学会一些简单的折叠方法，用单张纸进行简单的平面折叠、较平整地折叠简单的玩具；粘贴课题主要是几何图形粘贴和自然物粘贴
大班	较为复杂的纸工技能：学习用两张以上纸折成简单的组合玩具；能按轮廓或用目测的方法剪出或撕出简单的物体的外形；会用对称折叠的方法剪出或撕出简单的图形和窗花

（2）泥工

泥工是运用陶泥、纸黏土、面团等材料进行的塑造活动。通过泥工活动，使儿童掌握用手和一些简单的工具塑造各种物体形象的方法，帮助儿童认识事物，形成空间概念（见表 3-9）。

表3-9 不同年龄段泥工教育活动内容

年龄段	内容
小班	认识泥工的简单工具和材料，知道其名称，知道泥的性质是柔软的、可塑的
中班	要求儿童会塑造物体的主要特征，会使用一些简单的辅助材料表现出简单的情节，并能按意愿大胆塑造
大班	使用简单的工具和辅助材料塑造某些细节部分，学会塑造人物、动物的主要特征和动作，表现出主要的情节

（3）综合材料制作

综合材料制作是儿童综合运用所学美术知识和技能，使用各种不同的工具材料制成简单的玩具。通过综合材料制作，可以使儿童认识各种材料的性质、用途，培养儿童动手、动脑，有目的、有计划地进行工作的能力（见表 3-10）。

表3-10　不同年龄段综合材料制作教育活动内容

年龄段	内　容
小班	一般不安排小班进行综合材料制作
中班	开展一些简单的综合材料制作活动，一般由老师画好图样，做成半成品，再由儿童粘贴而成
大班	侧重于让儿童独立地完成制作过程，并综合运用各种操作技能和工具材料表现立体的玩具，应注重教育性、科学性和艺术性相结合

3. 美术欣赏教育活动的内容

儿童的美术欣赏是指儿童通过对美术作品、自然景物和周围环境中美好事物的认识和欣赏，从中受到艺术的感染，并丰富艺术联想，来提高儿童对艺术美的感受能力、欣赏能力。

通过欣赏，他们可以获得精神上的愉悦和审美享受，美术欣赏有助于缩短从爱美到审美的距离。因此，美术欣赏对儿童来说有着重要的意义。不同年龄段美术欣赏教育活动内容如表3-11所示。

表3-11　不同年龄段美术欣赏教育活动内容

年龄段	内　容
小、中班	欣赏一些他们能理解的美术作品、自然景物、节日装饰、环境布置等，初步培养儿童的审美能力。可欣赏周围环境中的自然景色，如桃红柳绿的春之美，银装素裹的冬之美等，也可欣赏日常生活中的玩具、学习用品、节日装饰等，从而丰富儿童的知识，培养他们的美感
大班	内容从他们可以理解的绘画、工艺美术作品到神话故事、科学幻想故事等题材的美术作品，并且学会评价自己和同伴的作品，培养儿童的审美能力

总之，学前儿童美术活动中，老师要根据学生的具体情况进行有计划、循序渐进的安排，先确定目标，再选择内容，培养儿童美术活动兴趣，提高手、脑、眼的协调性训练。

复习与思考：

1. 教育目的、教育目标、课堂目标的区别与联系是怎样的？
2. 谈谈学前美术教育目标制定的依据。
3. 美术学科核心素养可分成哪几个？
4. 学前儿童美术教育活动内容设计的依据是什么？
5. 谈谈学前儿童美术教育活动的内容。

教学拓展：

1. 查阅资料，思考什么是“核心素养”？什么是美术学科的“核心素养”？
2. 查阅关于学前儿童美术教育活动内容的论述文献。

第四章

学前儿童美术教育活动的实施

本章学习要点：

了解学前儿童美术教育活动实施的原则及其具体要求。

掌握学前儿童美术教育活动实施的一般方法。

理解各种教学方法使用时的注意事项。

第一节 学前儿童美术教育活动实施的原则

学前儿童美术教育活动实施的原则是整个学前儿童美术教育过程中必须遵循的基本要求，是教师组织和引导教学的依据。在实施过程中，教师通过运用一定的教学方法，达到预期的学前儿童美术教育的目的，实现学前儿童美术教育的价值。

一、审美性原则

审美性原则是指教师在美术教育中，依据儿童的审美心理特点，引导他们发现事物中蕴含的美，激起儿童的审美热情，形成美的意象，使对美的发现和感受贯穿于观察、欣赏、创作的各个环节。

审美性是美术教育的本质特点所决定的，对儿童来说，美术教育与其他学科的学习有所不同，除了通过学习获得一定的知识技能，增长能力以外，还被带到一个美的天地，使情感世界发生变化，情感变得更加丰富。同时，也增加其独创性，发展创造美的能力，这便是美术教育在各种教育中的独特性与优势。所以，美术教育中的审美性应当受到特别的重视，否则，美术教育便不成其为美术教育。

按照我国美学家的意见，审美心理过程可分为三个阶段：审美准备阶段、审美体验阶段和审美效应阶段。

在这里，效应特指审美领域的效应。在实际活动中，由审美体验而来的效应可能有两个，一是审美效应，二是创造效应。当人以自身的内在情感去呼应外物时，心中会产生一种美的体验，由审美体验产生审美判断和更高的审美需要，以及更高雅的审美趣味和更丰富的情感生活。除此之外，稍有艺术创造力的人还会萌发出创造的冲动，在时间和物质材料允许的条件下可以进入创作，创作出美的作品。所以，在学前儿童美术教育中，应牢牢地把握住一点，即以美的事物和方式启发儿童的观察、想象和创造，用美鼓起儿童的活动热情并贯穿于美术活动的各个环节。这样做，不仅是把审美作为推动儿童从事美术活动的手段，同时也是作为美术教育的目的。因为在不断地体验美和创造美的过程中，儿童的审美趣味和创造美的能力将得到提高，内在的情感世界也变得更加丰富，并可以不断地创作出生动而富有情感的好作品。

具体做法是保证儿童直接观察美的对象，使儿童经常接触美的事物，这需要有美的环境和美术作品。生动感人的语言也是重要的，教师以语言为媒介拨动儿童的心弦，引起或加强他们对美的事物的情感共鸣，这在学前儿童美术教育中也是必不可少的。

另外，还要保证儿童有自由创作的时间和可利用的美术材料，只有这样，他们才能及时、顺利地将自己心中对美的感受和认识表现出来。

二、创造性原则

创造性原则是指教师根据美术活动本身的特点，准确把握对儿童创造潜能的认识，在美术活动过程中以创造意识、创造力和创造个性的培养为主要目标，注重为儿童营造氛围，通过多种形式丰富儿童表象，培养儿童艺术创造的主动性。

创新是美术的生命力，而儿童与成人的创造力是有区别的，成人的创造力主要是指为社会、文化等方面带来某种具有质的变革意义的思想或产品的能力；儿童的创造力是指创造出对儿童个人来说是全新的、前所未有的想法或产品的能力。

作为教育者，要创设有利于激发儿童创造意识的环境。首先应保证儿童的美术活动经历由感知到思考，到完成作品的完整过程，使儿童从小学会艺术地思考，而不是创造出大量千篇一律程式化、成人化的作品。

除此之外，要尊重儿童的主题感受，保证儿童以自己的方式表达自己的真实情感。也就是说，儿童有权决定自己画什么，做什么和怎样画、怎样做。要鼓励、引导、启发儿童的求新求异思维，不墨守成规，不是自我重复或抄袭他人的作品，而是乐于追求变化，勇于探索与尝试。

教师在美术活动实施过程中应不断丰富儿童的经验，引导儿童去亲身体验和感受大千世界，让儿童参与到日常环境的布置活动中来，在日常外出活动中积累审美经验。

三、发展性原则

发展性原则指在进行学前儿童美术教学时，要处理好当前需要与长远发展的关系，促进儿童身心的可持续发展。

教学最关注的问题是儿童的发展，而每个儿童都有艺术的潜能。一般，心智的发展随着年龄增长而持续发展，而艺术智慧的发展并不如此，如果没有有效的教育，早期的潜能很容易被压抑下去。这样的例子有很多，那些艺术神童，很多最后都发展平平。那么，发展性原则的实施要注意哪些呢？

首先，教师应摒弃功利化的美术教育取向。现实生活中，教师及家长对儿童美术教育活动的功利性思想较为严重，使学前儿童美术活动偏离真正艺术活动所要求的特质——自由、超功利性，而且养成一些不良品质。在学前年龄阶段对儿童艺术潜能的发展不是要造就杰出的艺术

家，而是保持他们对艺术的兴趣和才能。

其次，在心理学、教育学研究的基础上，通过科学的、系统的、循序渐进的指导，儿童美术才能得到更好的发展。因此，我们应该研究美术课程的基本结构，把大量美术活动有顺序地组织起来，寻找出教育学前儿童最有效的原则，提高他们的美术水平。

在课程体系方面，美国美术教育家艾斯纳的 DBAE 课程值得我们重视。他将美术课程分为美学、美术批评、美术史和美术创作，构成一个完整统一的美术课程框架。其中蕴含的思想是将儿童艺术活动纳入人类文化艺术之中，用人类文化艺术的完整性、成熟性来丰富儿童艺术活动，而不仅仅将儿童艺术视作本能的展现，这样可以实现生物层面的艺术向文化层面的艺术的过渡。

屠美如提出了“艺术综合教育”，即将音乐、美术、文学三种不同的艺术形式按格式塔心理学“同形同构”和“异质同构”的原理加以组合，以期达成相互协调的整体性美感，也开拓了学前儿童美术教育的新观念和新途径。

四、活动性原则

活动性原则是指让儿童在活动实践中，在具体的美术活动中发展艺术素养。这源于杜威的“做中学”，以及苏联心理学家的“活动主导论”和皮亚杰的儿童认知发展理论。儿童在活动中建构他们的认知结构，从而发展他们的智力和社会行为，而活动就是儿童这一主体与外界事物之间的相互作用。活动性原则要求学前教育以活动为主导，以活动贯穿整个教育过程，以活动促进儿童身心健康发展，以活动作为学前教育的主要内容和形式。

教师应为全体儿童提供进行美术活动的机会，让美术教育和其他领域互相渗透；引导儿童运用多种感官通道进行美术活动；注意避免单纯的技能、技巧训练或单纯的思想内容说教两个极端倾向。

第二节 学前儿童美术活动实施的一般方法

美术教学方法是教师和儿童为了完成美术教学目标，在教学过程中采取的师生互相作用的一系列活动方式的总称。教学方法对实现美术教育活动目标有着重要的作用，方法使用得恰当与否，直接关系到美术教育活动的效果。好的教学方法能有效地提高学前儿童美术教育活动的效果。教学方法不仅关系到儿童参与美术活动的积极性，还会影响儿童人格的成长。

对于美术教学方法的分类，学者们从不同的角度出发，提出了不同的看法。常锐伦在《美术学科教育学》中将美术教学方法分为：语言传递信息、直观形象传递信息、操作训练、作品评鉴和行为指导五大类。教师可以根据学前儿童美术教学的特点，以及具体的活动内容，灵活机动地运用各类教学方法，只不过在活动过程中的某一阶段以某一种方法为主，因此从分类的角度将其称为以某类为主的教学方法。①

一、以语言传递信息为主的方法

以语言传递信息为主的教学方法，是指教师以语言向儿童传递信息和指导儿童学习美术的教学方法。在学前儿童美术教育活动中，语言是教师与儿童之间进行信息、情感交流的主要媒介，是幼儿园美术教育活动中必须采取的教学方法，主要包括讲授法、谈话法和讨论法。

1. 讲授法

讲授法，是指教师通过语言描述、说明和解释向儿童传递信息，从而使儿童获得美术知识与技能的教学方法，具体包括讲述、讲解等教学方式。

讲授法是幼儿园美术教育活动中的重要方法，在运用其他教学方法进行教学时，可有机地结合讲授法。教师运用讲授法的基本要求是：

（1）讲授的内容要简洁、易懂、准确；

（2）讲授语言生动形象、富有感染力；

（3）可以适当配合稍稍夸张的语言及体态。

2. 谈话法

谈话法，是指教师根据儿童已有的知识经验，向儿童提出问题并要求儿童回答，或是儿童提出问题要求教师解答，并通过解答使儿童获得新知识、提升经验的教学方法。

谈话法的使用可以提高儿童的注意力、启迪儿童的思维、活跃儿童的思路。在谈话过程中，通过让儿童积极思考教师提出的问题，培养和提高其独立思考的能力，以及运用已有知识和经验去获得新知识、解决新问题的能力，同时也能促进其语言表达能力的发展。

注意点：

（1）教师要放下身段，与儿童平等对话。

（2）教师提问时要对儿童的回答有一定的预判性。

（3）适时适度的追问，启发儿童思考。

3. 讨论法

讨论法，是指儿童在教师的指导下，为认识、解决、探究某个问题而进行讨论，通过讨论获得知识、发展儿童思维的方法。由于小、中班儿童年龄小，生活经验较为贫乏，语言表达还不够流畅，分析和概括的能力较差，还不能进行以语言为中介的抽象逻辑性思维，因此该方法较适合用于大班儿童。

讨论法能充分调动儿童学习的积极性和主动性。讨论的形式可以是全班讨论，也可以是小组讨论。

---

① 常锐伦．美术学科教育学 [M]．北京：首都师范大学出版社，2002：296–298．

讨论的时间可长可短，关键在于教师提出讨论的问题和对讨论过程的组织引导。

注意点：

（1）做好讨论的准备：教师要有前期知识准备。

（2）教师要善于创设宽松环境，鼓励多元的观点。

（3）教师应控制讨论过程的节奏并小结。

二、以直观形象传递信息为主的方法

美术的特点是直观形象性，主要依靠视觉来进行感知。以直观形象传递信息为主的教学方法最能体现美术学科的特点，是幼儿园美术教育活动中经常采用的教学方法。这类方法包括演示法和观察法，特点是形象性、直观性、具体性和真实性。

1. 演示法

演示法是教师在传递信息过程中，向儿童展示直观教具，示范绘画、制作等过程，以使儿童获得对事物的感性认识的一种教学方式。

幼儿园美术活动中的相关知识、技能，仅用语言讲述是不够的，还必须借助演示法使儿童获得直观视觉信息。在演示的同时，教师还可配合生动的语言讲解。演示过程对于儿童来说具有很大的吸引力，可以激发其学习兴趣。

演示法能直观、生动地把所要画的形象或要制作的物体展示在儿童面前，使儿童获得具体、形象、逼真的感性认识。

注意点：

（1）演示的准备工作要充分。

（2）演示要选择恰当的时机。

（3）演示要与讲解有机结合。

2. 观察比较法

观察比较法是指启发儿童观察事物的形状、颜色、结构以及事物间的空间位置、相互关系等，获得对事物的感性认识，是学前儿童美术教育活动的最基本方法。

注意点：

（1）引导儿童有目的地观察比较。

（2）教师要恰当选择观察比较对象。

（3）教会儿童观察比较的方法：先大体印象后局部特征，从整体去观察物象、有层次地观察等。

3. 随堂欣赏法

随堂欣赏法和专题欣赏法的区别在于：随堂欣赏不是对作品的全面评价与欣赏，而是配合教学内容和围绕教学重点对选择的美术作品进行欣赏的活动。

注意点：

（1）随堂欣赏作品要有典型性，能够激发儿童的兴趣。

（2）随堂欣赏作品的选择要符合教学需要。

（3）随堂欣赏法要与讲授法相结合。

三、以指导练习为主的方法

儿童要获得美术知识与技能，必须多次反复地练习和操作。以指导练习为主的方法就是儿童在教师指导下进行各种形式的绘画、制作等练习，从而熟练掌握各种美术知识与技能。

现在的手工制作教学大多不是简单的复制，而是融进了创作的要求，是在制作程序和技法要求基础上的一种有创意的练习，如染纸、剪窗花，在教会儿童一些制作规律后，要求儿童自由地染、创新地剪，创作出与同伴不同的作品。

注意点：

（1）教师在每次练习前要提出明确的练习要求。

（2）教师的指导要有目的性。

（3）练习的方法要多样化。

四、以欣赏活动为主的方法

以欣赏活动为主的教学方法，是让儿童通过对美术作品、自然景物、社会生活中的美好事物的欣赏，获得美的感受，提高表现能力和审美能力的教学方法。

欣赏活动应为儿童提供一个不受拘束、自由想象的广阔空间。儿童在感受力、知识面、想象力、创造力、语言表达能力等方面的良好发展，能促进儿童自信心的建立，使他们形成积极的情感态度。

注意点：

（1）尊重儿童对美术作品的感受与反应。

（2）鼓励儿童用各种方式大胆地表达自己的感受。

（3）增强欣赏活动中的情绪体验。

五、行为指导法

行为指导法，是教师利用心理学原理来塑造儿童良好的学习行为和品德行为，促进美术学习和人格全面健康发展的教学方法。

注意点：

（1）教师要牢固树立教书育人的意识。

（2）教师对儿童一定要有爱心。

（3）教师要善于观察学生的行为。

以上是美术教学活动常用的教学方法。如果按照学前儿童美术教育活动的内容所适应的教学方法进行分类，一般情况可以分为两大类。

第一，学前儿童绘画和手工活动实施的一般方法：观察比较法、实际体验法、联想法、演示法、指导练习法等。

第二，学前儿童欣赏活动实施的一般方法：提问法、讲解法、观察比较法等。①

总而言之，教学方法是教学过程中教师的“教”与儿童的“学”二者双向活动的体现，是活动过程中教法与学法的统一体。教学方法的运用受到美术活动目标和内容的限制，因此教师要根据实际情况灵活、综合地运用各种教学方法。

复习与思考：

1. 学前儿童美术教育活动实施的原则是什么？
2. 学前儿童美术活动实施的一般方法有哪些？
3. 谈一谈学前儿童美术教育活动实施中的发展性原则。

教学拓展：

你是如何看待美术教育活动实施中的教学方法的？

---

① 李桂英，许晓春．学前儿童艺术教育（美术分册）[M]．北京：高等教育出版社，2014：87-88.

第五章 学前儿童美术教育活动指导与案例分析

本章学习要点：

掌握学前儿童绘画活动指导的注意事项。

掌握学前儿童手工活动指导的注意事项。

掌握学前儿童美术欣赏活动指导的注意事项。

理解学前儿童美术教育活动撰写案例的体系。

第一节 学前儿童绘画活动指导与案例分析

学前儿童绘画教育活动是指儿童在教师的教育和引导下，使用笔、纸、绘画颜料等绘画工具和材料，并运用线条、色彩、造型、构图等艺术语言，将其生活体验与思想情感通过加工和改造转化为具体、生动、可视的视觉形象，发展其审美创造能力的活动。[①]

儿童绘画的发展存在共性特征，但是也存在较大的个别差异，教师要根据儿童自身的特点，把握好不同阶段特征，对儿童进行适当的指导。绝不能立下相同的目标，要求儿童超越发展的阶段，教育者应谦虚地看待儿童的画，并努力用儿童的思维去理解他们的作品。

一、学前儿童绘画活动的指导

1. 在游戏中学习，激发儿童绘画兴趣

人们常说兴趣是最好的老师，儿童对绘画的兴趣直接影响并作用于绘画过程中的感知、表现表达及想象创造等多个环节。可以说，兴趣是儿童绘画兴趣活动的前提。

那么，根据儿童的年龄特点、发展需要，如何让儿童在玩味中感受美，顺应儿童的天性，挖掘儿童艺术潜能，使儿童获取经验提升能力呢？

最有效的指导方法就是“游戏美术”。“游戏”可以让儿童在尽情的“玩味”中，积极地发现美、感受美、创造美，通过对美的充分体验和享受，获得精神快感。所以，以“游戏”为切入点，对儿童进行美术教育，开发创造潜能，是非常适宜有效的，如图 5-1 所示。

2. 多元化信息灌注

儿童绘画是儿童看世界的方法，是儿童宣泄感情的有效途径。多元化的指导，是指无论在绘画的内容上，还是表达的方式方法上，都应互相渗透，互相借鉴，使儿童的美术信息得到综合，开发其创造性思维。

学前儿童绘画教育的内容可以分为物体画、情节画、意愿画、装饰画等，我们可以结合儿童的身心发展，安排教学计划和课程内容，从而使儿童更系统地、循序渐进地接受绘画

① 边霞．幼儿园美术教育活动与设计 [M]．北京：高等教育出版社；2009：80.

教育。

不但内容的安排上要多样化，在表现手法上也要多样化，可以用绘画、粘贴、拓印、滴洒、流淌等多种手法；也可以在表现形式上进行多元化的综合，如绘画与手工结合，绘画与综合材料制作结合，或引入现当代绘画艺术的观念等，让儿童进行综合练习，如图 5-2 所示。

图5-1 游戏美术

图5-2 综合绘画

3. 不忘审美教育根本，重视技能培养

美术教育是审美教育，是情感教育，然而，缺乏基本艺术知识和技能的学前儿童美术教育，是不能成为真正的美术教育的。

如果一味任由儿童涂鸦画画，儿童无法掌握基本的技法，创造能力同样难以得到发展。甚至当儿童有了绘画的意图，却苦于不能掌握技法要领，而不能完成自己的设想，最终会很灰心，逐渐就失去创造思维。

新《纲要》下的美术教育观，提醒了我们要摆正技能培养与儿童创造性培养之间的关系。重视技能，忽略创造性培养，或不谈技能，只求创造的教育观念都是片面的，都会严重制约和阻碍儿童美术能力的发展。

二、学前儿童绘画活动案例分析

案例 1：蚕宝宝吐丝线（小班）

【设计意图】

油水分离画，是小班儿童第一次接触的一种美术绘画形式。对于小班儿童来说，细细的丝线并不陌生，每条线有长的，有短的，有直的，有弯的，很能激发他们的想象力和表现美的愿望。结合颜料与排刷的涂画，加强了活动的趣味性，让儿童充分体验在美术活动中的成功与乐趣。在活动中，教师首先以神秘的魔术来引出“油水分离”这一科学现象，并轻松地引入本节

课的学习重点：儿童学习用蘸有颜料的排刷在画面上涂刷的技能；然后以帮助蚕宝宝吐丝的情境，让儿童画出各种颜色、曲直不同的丝线，尝试布局画面，再用准备好的颜料请小朋友涂底色，使其充分感知“油水分离”的现象。

【活动目标】

（1）学习用蘸有颜色的排刷在画面上涂刷，初步感知“油水分离”的现象。

（2）通过观察尝试用油画棒画长直线条和长曲线条的方法表现蚕丝的不同形态，初步尝试布局画面。

（3）乐于参与活动，体验动手创作的乐趣。

【活动准备】

（1）人手一张画有树叶和蚕宝宝的画纸。

（2）各种颜色的油画棒若干，排刷。

（3）已经调好的红、黄、蓝、绿、橙五色水粉颜料。

【活动过程】

（1）谜语导入主题，激发兴趣。

白胖宝宝真可爱，专把树叶当饭菜，成天劳动纺织线，为了大家好穿戴。猜猜是什么？

（2）出示蚕宝宝图片，儿童观察。教师：蚕宝宝喜欢吃什么？吃饱以后，蚕宝宝在做什么？（吐丝线）那么丝线有什么特点？（直线、波浪线、曲线、弹簧线等）

（3）变魔术，引出课题。

刚才蚕宝宝们吃了许多好吃的桑叶，它们高兴地想来吐丝了，我们一起吐丝吧。

出示画有蚕宝宝及白色丝线的范画，提问：蚕宝宝吐的丝线怎么不见了？我来把它变出来吧！（以变魔术的神奇，充分吸引儿童，为学习用排刷技能做好铺垫。）

（4）教师示范讲解画法：小排刷，手中拿，颜料水中走一走，水桶边缘舔舔干，走到纸上变魔术，这边刷到那一边。瞧，丝线出来了吗？

儿童认识作画工具（彩色油画棒、颜料、排刷）。教师：老师的丝线是怎样变出来的？

教师简单介绍“油水分离”概念及画法。重点引导儿童观察丝线（直线条、曲线条、波浪线条、螺旋线条等）的画面布局。

介绍排刷的使用方法，儿童拿着排刷跟教师学习排刷的技能。

（5）儿童作画，教师巡回指导。

① 引导儿童画出五颜六色、长短不同、形态不同的丝线。特别是所画的弧线有大小的区别。

② 注意用排刷蘸喜欢的颜料平涂。提醒儿童颜料不要太多。

③ 引导儿童用点、线添加背景。

（6）作品展示。

① 教师把儿童作品贴在展示板上。

② 儿童互相欣赏作品，说说自己画的蚕宝宝在做什么？看看谁的画面最干净？（评价给予肯定，提高儿童积极性）

【案例分析】

在这个“蚕宝宝吐丝线”的教育活动中，主要活动目标有三个，如前所述。其中，第（2）个目标尝试用油画棒表现出蚕丝的不同形态是可以通过直接教授的方式得以实现的。这种方式虽然简单，但是能有效帮助儿童掌握画线的不同形态。第（1）个活动目标是教学的难点。实施后，儿童通过正确使用排刷，掌握了“油水分离”的画法，体验到了操作过程的快乐，整个活动也可以被认为达到了预设的目标。

该活动在选择内容上将日常生活中儿童熟悉的、感兴趣的事物变成活动的内容，孩子们是特别乐于接受的。美术活动最核心的目标就是发现美、欣赏美、表现美、创造美，对于小班的孩子来讲，“油水分离”法就是一个好的载体，儿童都很喜欢，能踊跃尝试，促进了儿童对美的事物的感受能力和表现能力。

案例 2：游动的金鱼（中班）

【设计意图】

中班儿童的观察是无意注意向有意注意发展的转折期，儿童能准确地把握形状的基本结构，学会运用图形组合的方法表现物体的主要特征。同时引导儿童观察分析图片，选择与物体相似的颜色，激发孩子初步有目的地设色和配色。活动中利用课件画面的动感充分调动孩子的热情，使其在教师的引导下能围绕主题安排画面，为创作画打下坚实的基础。

【活动目标】

（1）在观察图片的基础上表现金鱼的外形特征。

（2）大胆地用气泡、水草等添加背景，使画面更加丰富。

（3）引导儿童体验活动的快乐。

【活动准备】

金鱼游动的视频、黑色记号笔、油画棒、彩色卡纸。

【活动重点】

用圆形、椭圆形表现金鱼的外部特征。

【活动难点】

在观察的基础上画出不同形态的金鱼。

【活动过程】

（1）欣赏与讨论。

儿童观看金鱼游动视频。

教师：刚才我们看到的是什么鱼？（小金鱼）

金鱼的身体是什么样子的？有哪些部分组成？（儿童观赏金鱼，了解金鱼的身体、眼睛、尾巴的形状。）

儿童分别说出金鱼的不同部位：说出一个金鱼的部位，教师在黑板上贴出一个金鱼的部位。）

（2）教师讲解金鱼的画法。

教师示范金鱼的画法并请儿童说出教师画的各个部位的形状：金鱼的眼睛（圆鼓鼓的）、身体（椭圆的）、尾巴（扇形、枫叶形、小花形等）。

金鱼在水里游时，它有各种不同的形态，教师将金鱼摆放成向上游的状态，并请儿童来摆放出不同形态的金鱼。

金鱼有几种颜色？（有黑色的、有红色的、有白色的等）

教师总结：金鱼在水里会朝不同的方向游动，我们只要改变它的身体和尾巴的方向，就会变出不同动态的金鱼。

（3）教师布置创作内容。

一只金鱼有些孤单，我们再帮这只金鱼请些朋友来吧。

（4）儿童创作，教师巡回指导。

① 引导儿童表现金鱼的基本特征，注意金鱼眼睛、身体及尾部的造型。

② 鼓励儿童画出不同形态的金鱼。

③ 注意用黑色记号笔画金鱼的眼睛，用红色涂金鱼的身体。

④ 引导儿童用水草、气泡添画背景。

（5）作品展示（见图 5-3）。

① 说说各自鱼缸里的金鱼是什么形态的。

② 说说最喜欢哪个鱼缸里的金鱼。

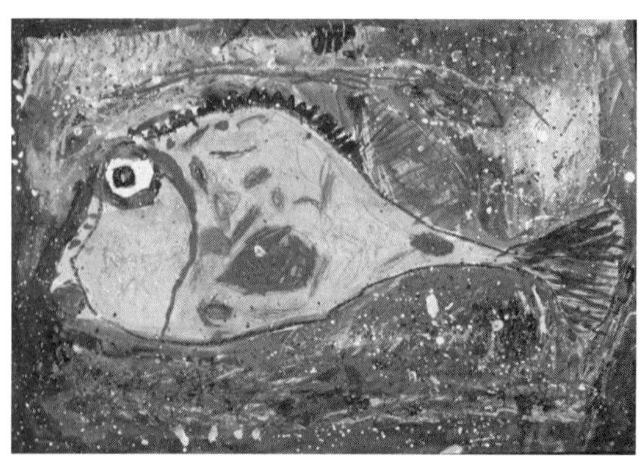

图5-3　金鱼

【案例分析】

整个活动设计思路清晰，活动环节简单明了，属于美术教学中传统的教学方法，从播放金鱼游动视频展开，吸引了儿童的注意力，给儿童创造了一个理解和再创造的空间。

在教学选择和组织活动内容时，教师围绕着第（1）个活动目标，用圆形和椭圆形表现金鱼的外部特征，同时在观察的基础上画出不同形态的金鱼，儿童都能很好地绘画出金鱼的形态。

这个美术教育活动强调了教师的主导作用，在活动过程中，教师围绕着如何让儿童习得画金鱼的特征和不同形态，同时关注儿童能否自由地表现和表达，如通过让儿童摆放出与教师不同形态的金鱼，这种方法对于儿童获得表现金鱼特征和形态的技能是有意义的。

案例 3：旗袍（大班）

【设计意图】

旗袍，作为中国传统服饰，有着悠久的文化历史，其不同的样式、色彩、图案等都蕴含着中国传统服饰之美。《3－6 岁幼儿学习与发展指南》中指出：和幼儿一起感受、发现和欣赏自然环境和生活环境中美的事物，乐于收集美的物品。对于旗袍，儿童并不陌生，它在生活中随处可见，有的小朋友自己就有旗袍。本次活动主要通过进一步设计旗袍，运用不同的图案装饰旗袍，同时在装饰的过程中感受旗袍的美。

【活动目标】

（1）让儿童通过观察了解旗袍样式、色彩、图案的美。

（2）幼儿愿意表达并大胆设计、装饰旗袍。

（3）感受旗袍、盘扣的美。旗袍是中国的传统服饰，盘扣我国民族服饰的特色。

【活动准备】

（1）各种旗袍的图片、旗袍 1 件、旗袍作品范例 1 个。

（2）旗袍底板卡、油画棒、水粉颜料、勾线笔等。

（3）古筝乐曲。

【活动重点】

了解旗袍的样式、色彩及旗袍不同图案的纹样所代表的不同寓意，还有旗袍的对称性。

【活动难点】

掌握给旗袍设计盘扣的款式，根据不同的图案、颜色装饰旗袍。

【活动过程】

（1）谈话导入，引出课题。

教师展示旗袍，引起儿童兴趣。教师：请小朋友们仔细观察，然后说一说旗袍和我们现在穿的衣服有什么不一样？（盘扣、立领、开叉）是什么人穿的？（旗袍，都是女人穿的）

（2）讨论旗袍的来历。

教师：她是谁？（出示格格图片）

教师：格格们都属于少数民族的，是满族人，旗袍源自满族妇女服装，现代的旗袍是在满族旗装的基础上改良而成为中国女性的传统服装的。

（3）引导儿童观察旗袍的样式与花纹。

出示不同款式的旗袍图片，儿童相互讨论这几件旗袍有什么不同。（长款、短款、长袖、短袖、无袖等）

引导儿童观察、比较旗袍的领子。教师：旗袍的领子与我们平时穿的衣服的领子有什么不同？（旗袍的领子是立起来的，两边对称；立领有很多种，每种立领都很美）

引导儿童观察、比较旗袍的盘扣。教师：旗袍的扣子和我们平时穿的衣服的扣子一样吗？像什么？个别儿童回答。（盘扣是中国传统服装的象征，是用布通过手工编织而成的）

（4）引导儿童用不同图案来装饰自己的旗袍。

引导儿童感知图案的寓意。（梅兰竹菊、龙凤呈祥、牡丹等）教师：你想怎样装饰你的旗袍呢？用什么颜色来装饰？怎样搭配更好看？

教师出示旗袍白板卡，引导儿童讨论绘画的方法。先画什么？再画什么？（先画盘扣、花鸟等图案，再涂上色彩）

引导儿童选择对比色或渐进色涂色。

（5）儿童装饰旗袍，教师巡回指导。

引导儿童设计不同样式的旗袍，大胆想象进行设计。

（6）展示作品（见图 5-4），播放《琵琶语》，点评作品。

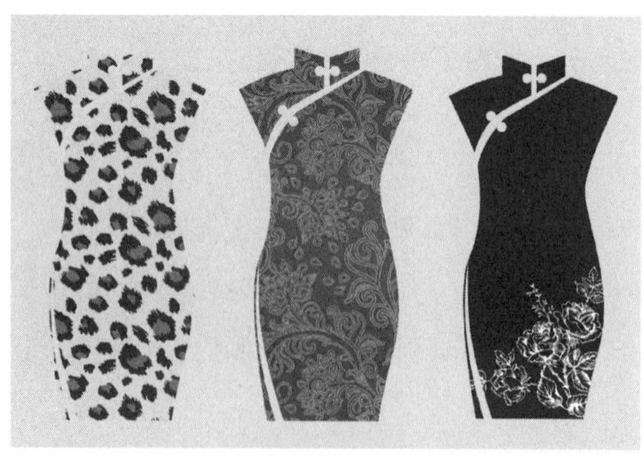

图5-4　旗袍

【活动延伸】

根据不同的材料，让儿童根据粘贴、剪裁、印染等方式为妈妈设计美丽的旗袍。

【案例分析】

旗袍是我国特有的服饰，为了让儿童初步了解旗袍，尝试用不同盘扣、图案来设计旗袍，所以进行了此次“旗袍”的活动。教师的选材很适合儿童的认识发展规律。在教育方法上先给儿童直观的感知——观察旗袍；再出示教师自制的“旗袍”，引发儿童设计绘画的欲望。在活动过程中，教师鼓励儿童充分想象、设计旗袍，让孩子们体验到了创作的乐趣。最后，在活动延伸部分，教师还设计了为妈妈设计旗袍的环节，既开拓了儿童制作旗袍的方法，又增进了亲子感情，可谓一举两得。

第二节 学前儿童手工活动的指导与案例分析

手工活动是幼儿园的美术教育活动内容之一。通过让儿童积极主动地参与手工制作活动，不仅可以培养儿童的动手操作能力，还可以培养儿童的想象力，帮助儿童树立自信心。但是，在实际教学过程中，由于一些教师指导策略不当，致使幼儿园手工制作活动效率低，手工活动不能发挥应有的作用。

一、学前儿童手工活动的指导

对学前儿童手工活动的指导要以激发儿童的兴趣为前提，以培养儿童的能力为目的，以保持儿童的热情为方向，以树立儿童的信心为根本。

1. 帮助幼儿熟悉工具材料的性质及使用方法

如何使用工具和材料是制作的关键，教师应根据儿童的年龄特点有选择地让他们掌握一些工具和材料的使用方法，例如，剪刀是裁剪用的工具，教师要引导儿童学会使用剪刀（见图 5-5），同时认识剪贴材料，如纸、树叶、布等。只有让儿童初步掌握制作工具和材料的使用方法，才能帮助儿童掌握技能，从而帮助儿童实现制作的意图。

图5-5 儿童使用剪刀

2. 指导儿童进行循序渐进的练习，掌握技能

手工作品需要一定的技能才能完成，而技能是通过练习获得的，因此，教师可以根据儿童手工制作的特点，让他们通过多样的方式进行循序渐进的巩固技能练习，教师则由易到难、由简单到复杂地对儿童进行指导。

3. 适时适度指导，引导儿童实现自己的制作目的

观察是做好引导的前提，在儿童创作的过程中，教师必须关注儿童在活动中的表现和反映，观察儿童的需要。例如：在大班的“鹅卵石绘画”活动中，有的儿童用颜料将鹅卵石画好了，但是，不知道怎样将它立起来，这时候老师如果注意到这个细节，就可以给儿童几个大小不同的废旧瓶盖或几块陶泥，帮助他完成作品的固定和摆放。

在手工制作时，有的儿童制作意图不明确，这时候教师就可以启发式提问：“你想做什么？”“你正在做什么”等。但是，有的儿童即便有了明确的意图，也不一定能实现。为了避免让儿童产生挫败感，对手工制作活动失去信心，教师应及时帮助并给予指导，让儿童实现自己的制作意图，体验成功感（见图 5-6）。比如在染纸活动中，当儿童打开折叠的湿纸遇到困难时，教师可以适当帮助，并教会他们打开湿纸的方法，让儿童完成自己的作品。如果因为打不开湿纸而前功尽弃的话，儿童所体验到的就是失败感，就会对活动失去兴趣。

图5-6　儿童手工制作活动

4. 利用多样的材料与创作形式，丰富儿童的创造活动

“多样的材料”是指凡是儿童喜欢的材料都可以成为儿童的创作材料，如从儿童常用的油画棒、水彩笔、水粉颜料等，到收集的废旧材料蛋壳、毛线、饮料瓶、旧纸盒以及各种水果蔬菜等。比如折纸手工制作活动需要不同颜色的纸张，叠手绢手工制作活动需要各种图案的手绢，捏泥人手工活动需要各种颜色的橡皮泥……异彩纷呈的手工制作活动离不开各种各样的手工制作材料。如果儿童手工制作活动所使用的材料单一，那么儿童玩几次之后，就再也不喜欢玩了。

“多样的创作形式”是指水粉画、线描画、撕贴画、各种废旧材料作画等，只要是儿童喜欢的形式，同时又有操作性的，我们都可以让儿童尝试，创造出自己的作品。如制作贺卡不仅仅需要儿童动手剪纸，还需要儿童在剪好的贺卡上面画上漂亮的图案。又如制作笔筒，首先，

可以让儿童利用手中的卡纸剪好笔筒的底部和边框；然后，让儿童用胶水把笔筒的底和边粘连起来；最后，让儿童在笔筒上面画自己喜爱的图案（见图 5-7）。创作形式的多样性可以培养儿童各种各样的能力，促进了儿童的全面发展。

图5-7 儿童绘画、手工结合图例

5. 多样的活动参与形式，创设自由宽松的环境

（1）教师主导的师幼互动式：就是通过教师和儿童之间的相互作用，在活动中教师引导幼儿最大限度地发挥儿童自主性地进行美术创作。在这个过程中，教师应该处理好儿童是主体，教师是主导的关系，让儿童做真正的“主人”。

（2）小组合作式：几位幼儿可以自由地组合成为一个小的团体，一起合作作画，让他们发挥各自的想象力，各尽所能、取长补短。

（3）区域自由式：在区域活动中，儿童可以更自由的选择自己喜欢的美术活动。我们将集体活动中用过的作画材料或幼儿自发从家中带来的一些废旧材料投放在区域活动中，让儿童自发地选择，自由地创作。让儿童根据自己的兴趣、爱好，自由地选择区域中的材料、内容，满足不同儿童的个体需求，教师可担任旁观者、合作者、引导者的角色。儿童非常喜欢这种创作方式，他们在区域活动角中或一个人、或几个人组成合作伙伴，自由、快乐地完成创作活动。

儿童的手工制作活动不是完全孤立的教学活动，如何更好地与其他领域的教学活动有效地整合起来，更好的促进儿童创造性的发展，值得我们进一步去研究。

二、学前儿童手工活动案例分析

案例 1：棒棒糖（泥工，小班）

【设计意图】

小班儿童的手工活动处于无目的的活动阶段。由于这个阶段的儿童手部小肌肉发育不够成熟，认识能力也有限，因此手工活动应选择那些形象鲜明、具体生动、喜闻乐见的事物，这样才能引起儿童的有意注意。教师联想到了棒棒糖。儿童听到“棒棒糖”三个字，几乎会把眼睛瞪得大大的。通过泥工制作，在认识颜色、掌握泥工基本技能（团圆、搓长等）、锻炼双手协调能力方面都对儿童有帮助。

【活动目标】

（1）能双手较协调地搓、揉超轻黏土。

（2）学会运用红、黄、蓝、绿、橙几个基本色彩制作球体。

（3）欣赏自己与同伴的作品，体验制作的快乐。

【活动准备】

不同颜色的棒棒糖、彩色黏土、吸管、图片。

【活动重点】

尝试用红、黄、蓝、绿、橙等原色制作棒棒糖。

【活动难点】

学习用搓、揉等方法表现糖果，并学会在球体上安装小棒。

【活动过程】

（1）认认说说，了解棒棒的外形特征。

教师：猜一猜，口袋鼓鼓的，里面会是什么？听一听，还有声音呢？到底是什么呢？揭秘：糖。是什么糖？（棒棒糖）

（2）观察棒棒糖的外形，了解棒棒糖的基本特点。

引导儿童描述：上面一颗糖果是圆圆的，下面棒棒是长长的。

通过观察，儿童说一说自己的棒棒是什么颜色？（红色、黄色、绿色、橙色）代表什么口味呢？（草莓、香蕉、苹果、橙子）那你还吃过其他口味的棒棒糖吗？（什么颜色）

（3）制作棒棒糖。

教师示范，引导儿童观察并发现糖果是球体，运用搓揉形成。教师：小朋友都吃过这种棒棒糖，那小朋友有没有做过呢？今天老师也想动手做一个，然后你们自己动手做一个属于自己的棒棒糖。

首先，选择自己喜欢颜色的超轻黏土，放在手心里，两手手掌相对，一起揉一揉、搓一搓，轻轻的搓成一个圆形小球。然后，帮它安一个小尾巴，这样一个漂亮的棒棒糖就完成了。

（4）儿童制作，教师巡回指导。

在动手前，教师说一下制作要求：

① 做手工时小嘴巴不能动，不能误食超轻黏土。

② 不能抢别人手里的东西，要小心搓揉，不能掉在地上。

小朋友选择自己喜欢的颜色，用搓、揉等方法制作棒棒糖（见图 5-8）。教师在儿童探索活动中，观察了解儿童制作情况，并进行个别指导，鼓励儿童大胆制作，做出与众不同的棒棒糖。

图5-8 棒棒糖

（5）儿童作品展示，相互交流。

儿童将作品插入展台板上，相互欣赏交流。

【活动延伸】

儿童的作品色彩缤纷，那么可以我们可以尝试做双重口味的糖果，两个颜色叠加在一起搓揉成球形，看看会产生什么样的效果呢？

【案例分析】

这节活动选材很好，棒棒糖是儿童熟知的事物，因此吸引了儿童的注意力。选取儿童常见的事物作为表现内容，这样有利于儿童的表达。教师的铺垫工作做得很细致。棒棒糖实物、欣赏图片，这些都给儿童很直观的感受，循序渐进地引导儿童掌握搓揉的方法和识色的知识。整节活动很富有趣味性。

案例 2：熊猫宝宝（中班）

【设计意图】

进入中班，儿童的社会性和自主性得到了进一步的发展，他们更愿意大胆地表达自己的想法，可以通过手工塑造出物体的基本部分和主要特征。本节课围绕制作熊猫宝宝展开，引导儿童观察熊猫的形状、表情、神态，感受熊猫可爱的模样。儿童对纸工材料制作有一定的经验，也很喜欢动手操作。本节课利用纸圈的结构，对熊猫身体进行组合装饰（粘贴熊猫宝宝的其余部位，并能添画表情），让熊猫宝宝的造型更加俏皮（见图 5-9），也锻炼了儿童的创造力。

图5-9　熊猫宝宝

【活动目标】

（1）探索用大小不同的圆圈组合制作熊猫宝宝，并予以粘贴、添画，表现出熊猫的特征。

（2）进一步感受纸造型活动带来的乐趣。

（3）使儿童在制作中感受乐趣。

【活动准备】

（1）材料准备：彩色卡纸、胶棒、勾线笔、硬纸板、纸盒、各种熊猫造型的玩具、熊猫宝宝图片。

（2）经验准备：儿童具备软纸造型的经验，能进行纸圈组合的操作。

【活动重点】

用大小不同的圆圈组合制作熊猫的身体，并予以粘贴和添画。

【活动难点】

探索利用组合的形式表现熊猫的动态。

【活动过程】

（1）游戏导入，引起儿童对熊猫宝宝的兴趣。

教师出示“魔盒”，引起儿童活动兴趣。

教师：小手摸一摸，里面会是什么？

揭开谜底。

教师：原来是一只熊猫。

教师：（出示图片）瞧，熊猫宝贝和小伙伴们一起玩呢，谁能来学一学它的样子？（引导儿童学一学熊猫的姿态，感受熊猫的可爱）

（2）观察、讨论熊猫特征。

教师：熊猫宝宝是什么样子的呢？

教师小结：原来，熊猫宝宝浑身圆滚滚的，圆圆的脑袋，圆圆的身体，圆圆的尾巴，两只圆圆的眼睛，还有两个圆圆的小耳朵。

（3）尝试用大小不同的圆圈组合表现熊猫的身体。

教师出示圆圈请儿童尝试进行组合，并发现问题。

教师：我们的圆圈又要和我们一起玩游戏了，今天它们希望小朋友能将它们变成一只可爱的熊猫，想试试吗?

儿童尝试用卡纸圈组合制作小猪。

教师引导儿童讨论如何解决困难。

教师:你在制作中遇到了一些什么困难？用圆圈做不出来的地方，可以怎么做呢？（引导儿童适当粘贴四肢和耳朵并加以添画）

（4）请个别儿童介绍自己的制作方法。

（5）儿童操作，教师指导。

① 教师：快快为你的熊猫宝宝找一个好朋友吧！

② 儿童选择白色的卡纸卷成圆圈，再用大小不同的圆圈组合拼制成熊猫的轮廓，黑色的卡纸卷成四肢，最后用双面胶将轮廓粘贴在硬纸板上，进行添画。

③ 可以丰富背景（竹子等）。

④ 教师指导：

启发儿童表现不同姿态的熊猫宝宝，如坐着的、趴着的、走着的等。

提醒儿童小手要擦干净后，才能进行添画活动。

（6）欣赏与评价。

① 请儿童根据作品猜一猜熊猫在干什么，学一学熊猫的样子。

② 教师引导儿童从各式熊猫玩具中为自己的作品“熊猫宝宝”寻找伙伴，帮助儿童理解熊猫的动态。

【活动延伸】

家园共育：爸爸、妈妈可以和孩子三人合作制作熊猫乐园，帮助孩子体验合作的快乐。

【案例分析】

这次活动以非常神秘的“魔盒”导入，吸引儿童的注意。活动中对熊猫的模仿，增强了儿童肢体协调能力。教师带领儿童观察熊猫的外部特征，帮助儿童形象记忆，利于后期制作。运用圆圈组合熊猫的活动充分尊重了儿童的主体地位，让儿童发挥想象力进行组合。设计者遵循了儿童身心发展的特点，采用添画的绘画方式，这既调动了儿童的绘画积极性，又提高儿童的观察力及创造力。此外，还能够让儿童养成良好的做事习惯。

案例3：风车转转转（大班）

【设计意图】

美术是记录、表现儿童科学发现和科学探索过程的载体，儿童在艺术表现的过程中，对事物形象的创造性把握和想象促进儿童的科学发展。因此，在儿童的科学活动中融入绘画、手工等活动，可以使儿童从不同层面对探究的事物进行表现。本次活动将手工与科学相结合，在探个索的过程中制作漂亮的风车。

【活动目标】

（1）了解风车的组织结构。

（2）儿童自由拆解折纸作品，探索学习风车折法，培养儿童观察能力。

（3）通过玩风车，感知风车转动的快慢有多种原因（风的大小、跑的速度）。

【活动准备】

（1）制作一个风车。

（2）制作风车用的同样大小的纸4张、按钉、剪刀、一次性筷子、双面胶等。

【活动重点】

探索风车的折法，培养儿童的观察能力。

【活动难点】

通过玩风车，感知风车转动快慢的原因。

【活动过程】

（1）体验“风”，激发儿童兴趣。

教师带领儿童到校园内观察风的存在，例如：树叶摆动，秋千摇摆。

引导儿童用身体感知风，例如：头发飘动，脸上有风，听到风声。

引导儿童以不同的动作（走、跑）感知、区别风的大小。

（2）了解风车的结构。

教师出示自制的风车，儿童观察风车的形状、结构及特点。

教师：怎样才能使小风车转得快？

儿童结合自己的生活经验讨论。

教师：想不想自己学着制作风车呢？我们一起来试一试吧，做好了再到外面去玩，好吗？

（3）制作风车。

儿童分组观察和探索风车的制作方法。

（4）教师重点讲解制作方法。

先将正方形纸沿一条对角线对折，再沿另一条对角线对折。

沿折痕，将四个对角线剪开约三分之二。

交错向中心折，超出中点 1 厘米，但不要有折痕（要留有弧度）。

四个角交错折好后，用胶水粘好。

用图钉按住，插入小棍，风车完成。

（5）儿童制作，教师巡回指导。

（6）玩风车。

儿童校园内玩风车。

比一比：谁的风车转得快？

小结：风车转动的快慢与风的大小、跑的速度有关。

【活动延伸】

儿童用不同形状、质地、颜色的纸制作风车。引导儿童感知风叶是对称的、平衡的。

【案例分析】

风车（见图 5-10）是儿童比较喜欢的一个小玩具，也是让儿童感知风的最直接工具。本节课利用折纸、剪纸等美术手工课的制作方法与感知风车转动的快慢相结合，体现了科学与美术、操作技能的整合。活动过程中，教师以风车为载体，通过手工制作以及猜想、讨论、验证等过程，进一步感受风的存在以及风车转动和风之间的关系。该活动从美术领域入手，并通过玩风车，让孩子们在愉悦的互动活动中体验科学，增进了孩子们的情感。

图5-10 大风车

第三节 学前儿童美术欣赏活动指导与案例分析

一、学前儿童美术欣赏活动的指导

在美术欣赏教育活动中，应为儿童创设一个富有美感的环境，给他们提供适合其年龄特征的美术作品。这些作品的选择应该是有组织的、有系统的，以使儿童的欣赏经验系统化。同时，有目的地、有计划地引导他们感知、理解美术作品的内容和形式。在学前儿童美术欣赏活动中，教师应该注意一下事项。

1. 欣赏作品应多元化、经典化

艺术来源于生活，但不是有了生活就会有艺术，这是两个概念。我们从生活中学习艺术，但是生活人人有，却不是人人都懂艺术。陈丹青曾讲过：艺术从哪里学，艺术就是从艺术中学，从经典中学。所以，在学前儿童美术欣赏活动中，要挑选经典的作品、展览，或精心挑选环境，比如欣赏河边的晨曦、林荫小路等。而且所挑选的艺术门类要多元化，做到“追随经典，不忘当下”，艺术也需要与时俱进。

2. 情景再现，唤起儿童生活体验

生活中处处存在美，关键在于有没有去发现、去提升，所以教师在选择欣赏作品时，应尊重儿童的生活经验，关注儿童的兴趣和需要。当所选择的欣赏作品从内容上比较贴近儿童的生活经验时，可以从唤起儿童自身的经验入手，展开欣赏活动。

美术欣赏涉及对美术作品形式的感受、意义的领会，作品背后还涉及人类文明的许多领域。丰富的经验是从事艺术创作的原材料，也是儿童进行欣赏活动的基础。教师可以通过引导观察、启发性提问，或角色扮演、讲故事等情景再现，引导儿童对作品进行感知。

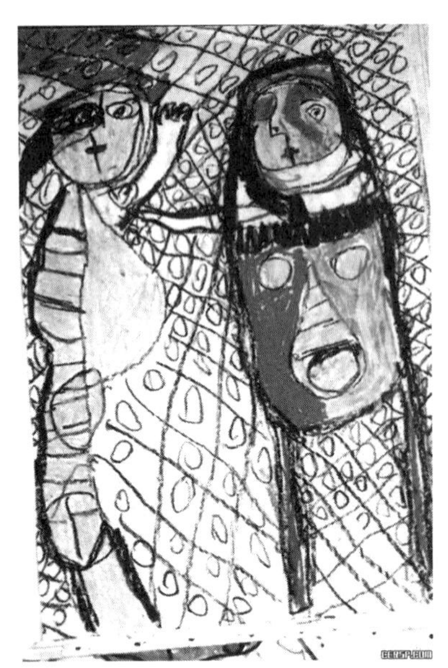
图5-11 儿童临摹《镜中少女》作品

3. 分析并学习作品中的美术语言

除了注重欣赏作品的选择和儿童体验，教师还要引导儿童分析作品中的形式美感、运用的材料及技法等，让儿童对材料的感知有初步的视觉印象，形成审美体验。比如欣赏毕加索的作品《镜中少女》，可以向孩子们分析，为什么毕加索画中人物造型是这样的，特点是什么；油画的笔触肌理是怎样的，在颜色的运用上有哪些规律等。图 5-11 所示为儿童临摹《镜中少女》作品。

4. 尊重儿童对作品欣赏的主体感受

欣赏活动就其本身状态而言，更突出地表现出它的体验性，而不是认识性。儿童在欣赏具体的对象时，可能还

说不出为什么美，美在哪里，但却感受到美，体验到美，而获得一种情感上的满足。伟大的美术作品就像是一个人，它在不同的时候、不同的情绪中，看上去是不一样的。我们不应用一种固定的眼光来欣赏它们，也不应该试图穷尽对它的研究。而儿童有着独特的欣赏视角，他们不满足于看到的世界，而是借题发挥，抒发自己的情感。作为教师，应充分肯定儿童独特的想法，让儿童大胆表达，而不应用自己对作品的理解去束缚儿童的想象。

二、学前儿童美术欣赏活动案例分析

案例 1 :《天空中的黄金》(小班)

【活动意图】

美术欣赏活动旨在培养儿童敏锐的观察力和创造力。教师应该帮助儿童积累丰富的感知经验，来发展儿童的创造力和表达能力。抽象作品的夸张和变形与儿童作品的表达方式相似，它的符号、色彩便于儿童的理解和模仿。教师尝试将抽象画家米罗的作品《天空中的黄金》介绍给儿童，使儿童对抽象画有初步的感知经验。

【活动目标】

（1）欣赏米罗的作品《天空中的黄金》(见图 5-12)，感受作品的大和小的相对性并发现色块造型。

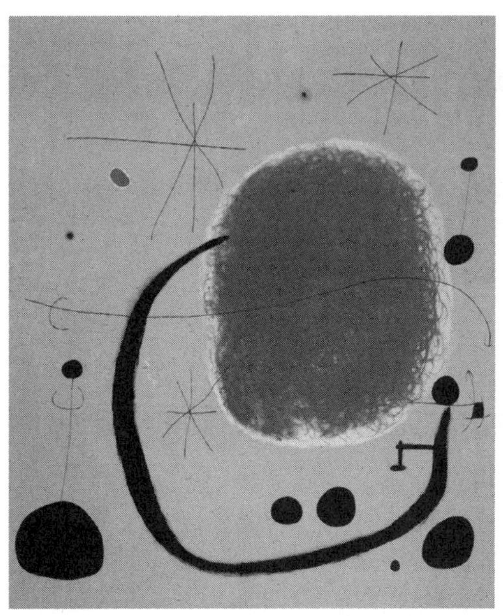

图5-12　米罗的作品

（2）能用动作及表情表达自己对作品的感受，大胆猜想米罗画中的故事。

（3）能尝试用线条和色块图形创作自己的想象画。

【活动准备】

米罗作品《天空中的黄金》、有缺失部位的图案卡、水粉颜料、水粉笔。

【活动重点】

在感知活动中大胆表达自己对米罗作品的猜想，并能在创意活动中使用画笔勾画色块。

【活动难点】

能沿着色块的轮廓进行涂色。

【活动过程】

（1）欣赏作品。

引导儿童欣赏画面的内容，仔细观察画面中出现的各种色彩以及它们的形状。

教师：你在画面中看到了哪些颜色？（蓝色、黑色、黄色、白色、红色、绿色）

教师：它们各自都是什么样子的？（蓝色的大球、还有小点、黑色的线）

教师：画面上有线条吗？它们是什么样子的？（画中有线，有长的、有短的，有粗有细。）

（2）游戏“猜想”。

教师：你觉得画面中的蓝色像什么？（像块毛巾，软软的；像地球，上面长了许多毛毛；像海浪。）黑色的地方像什么？（有的像月亮、星星，有的像音符、小盘子，还好像有个人在跳舞。）

教师：这些线条像什么？（细的线像风筝线，像小蛇；粗的线像毛毛虫，像弯弯的小路。）

教师:画面中还有一些点，它们像什么？（像月亮、石头、音符、星星、雪花、小人、大嘴巴等。）

（3）引导儿童感知画面中色彩的搭配。

观察差别色彩面积的大小，感知它们的不同。

教师:画面中哪种颜色多，哪种颜色少？哪种颜色最明显？（蓝色、黄色、黑色最多；红色、白色、绿色最少。蓝色最醒目，因为蓝色画在了画面的中间，又是圆形，所以看上去特别醒目。）

观察画面中彩色的点是堆在一起的，还是分散的？（分散的，有大有小。）

（4）“猜画家”。

教师：猜猜这幅作品的作者是谁？（米罗）

教师引导儿童寻找米罗作品中的“星星”标志，帮助儿童巩固对米罗作品特征的辨别。

（5）儿童创作“找一找活动”。

请小朋友们用画笔将“色宝宝”找出来，按红、黄、蓝、黑、绿的色彩顺序勾画色块。

观察“色宝宝”的造型，猜想它是谁。

为“色宝宝”添画其缺失的部位（如为“兔宝宝”添画耳朵，为“熊猫宝宝”添画眼睛等。）

（6）作品展示。

启发儿童为自己的新作品起名字，并引导他们讲一讲自己画中的故事。

【案例分析】

在感知方面，儿童从以前的色彩过渡到了色块，从无形过渡到了点、线、形等符号。此次活动中寻找米罗作品的风格对培养儿童敏锐的感知能力有着重要的作用。

在创意涂鸦中，虽然大部分儿童还处于涂鸦期，但是可喜的是，他们的作品中已经出现了有创作的色块，而色块的产生为此次活动目标的完成奠定了必不可少的基础。

在欣赏活动中，由于儿童观赏作品的角度不同，作品在儿童头脑中所形成的意境也就不同。教师将感知的活动重点定为“在感知活动中大胆表达自己对米罗作品的猜想，并能在创意活动中使用画笔勾画色块”，鼓励他们发现别人没有发现的东西，这样激活了儿童的发散思维，让米罗作品的意境帮助每一个儿童都开拓出不同的想象空间。

案例2：《星空》（中班）

【活动目标】

（1）通过欣赏，感受作品中冷暖色的对比及扭曲的线条所表现的动荡的画面。

（2）引导儿童在欣赏的基础上用不同的色彩表现天空。

（3）培养儿童的审美情趣，激发儿童对艺术活动的乐趣。

【活动准备】

梵•高作品《星空》、水粉颜料、油画棒、图画纸。

【活动重点】

欣赏梵•高的《星空》（见图5-13），感受作品中冷暖色彩的对比以及线条的变化。

【活动难点】

吸收梵•高的色彩与线条的表达方法，创作属于自己的星空。

图5-13 《星空》，梵•高

【活动过程】

（1）通过讨论导入欣赏。

教师：小朋友们平时有没有注意过天气的变化？不同的天气时，天空有什么变化？天空在白天和黑天有什么不同？

看录像《神奇的自然》片段。

教师：不同的天气，天空中的色彩会有什么变化？

儿童讨论录像内容，教师总结。

（2）儿童欣赏作品。

教师：刚刚的视频告诉我们：天空会随天气的变化出现不同的色彩。有一个叫梵高的大画家画了一幅画，我们看看他的画表现的是什么时候的天空。

你们为什么认为这幅画表现的是晚上的天空？你们从哪里看出来的？（儿童讨论，教师小结，并告知作品的名称）

教师：这幅画上有些什么色彩？这些颜色给你什么感觉？

儿童：黑的、灰的、黄的、蓝的等。这么多灰的颜色聚集在一起，让人心里有点不开心、有点害怕。

教师小结：画家用了很多灰暗的深蓝色还有紫色，同时又用了很亮的黄色，色彩对比强烈，给人一种神秘的感觉。

教师:这幅画上的云与我们平时看到的云有什么不同？（引导儿童从线条上欣赏、讨论）

教师：画家用了哪些线条？（波浪线、螺旋线等）

教师：哪些地方用了波浪线？哪些地方用了螺旋线？这些线条给你们什么感觉？

儿童：天空用了波浪线，感觉云在翻滚；星星和月亮周围用了螺旋线。

教师：你看了这幅画后有什么感觉？

（3）学生创作，教师指导。

教师：在生活中，你觉得什么时候的天空是最奇妙的？奇妙在什么地方？试着把它画下来。（教师指导重点：用不同的色彩表现不同的天空。）

（4）作品展示。

展示儿童作品，看看谁画的天空最奇妙。

【活动延伸】

亲子活动：春天来了，家长可以利用周末时间带孩子到公园写生，让儿童在大自然中感受不同的天空。

【案例分析】

让儿童从小就大量接触艺术品，并有意识地指导他们从中感受生命力的种种模式，是审美感知教育的一种有效方法。通过名画的欣赏，儿童的审美感知、审美趣味、审美创作等心理能力都能达到高度活跃的程度并能协调发展。它能够帮助儿童的审美感知经验向综合的方向转化，逐渐形成儿童特特的审美心理结构。教师在名画欣赏中对儿童的引导十分重要，可以通过“你看到什么”引导儿童感知美术作品所表现的内容；通过“你心中有什么感觉”引导儿童感知美术作品的情感；通过色彩、线条、形状，引导儿童感知美术作品的形式。这些环节在学前儿童美术欣赏过程中都是十分必要的。

案例 3：脸谱装饰（大班）

【活动意图】

让孩子初步接触京剧，了解祖国的传统文化，激发孩子喜爱京剧、了解国学、热爱祖国的情感。此次活动中，给儿童欣赏京剧片段，让他们更直观地感受京剧艺术的魅力。此次活动不仅让儿童对京剧脸谱艺术的特点有所了解，也能让儿童对对称、夸张等美术表现方式有所了解与尝试，如图 5-14 所示。

图5-14 画脸谱

【活动目标】

（1）通过观察，了解京剧脸谱不同颜色所代表的人物性格特征。

（2）在欣赏京剧脸谱和面具的基础上，学习用对称的方法装饰脸谱。

（3）佩戴自己装饰的脸谱，通过表演，感受国粹京剧的魅力，提升自豪感。

【活动准备】

各种京剧脸谱的实物或图片、京剧视频一段、水粉颜料、勾线笔、油画棒等。

【活动重点】

了解京剧脸谱鲜艳的颜色及脸谱不同颜色代表不同类型的人，还有脸谱的对称性。

【活动难点】

能根据人物特点选择颜色，了解脸谱颜色分布的对称性。

【活动过程】

（1）引导儿童欣赏京剧脸谱的图片或实物，引出话题。

教师出示图片，引导讨论不同颜色的京剧脸谱所代表的人物性格特征。教师：我们一起欣赏《说唱脸谱》，谁来说一说你认识的脸谱，它代表什么样的性格。

（2）教师和儿童共同谈论如何装饰脸谱。

教师：你想设计一个脸谱吗？红脸还是黑脸？上面有什么图案？图案代表什么意思？

（3）引导儿童思考用对称的方法来装饰自己的脸谱。

引导儿童感知“对称”。

教师：你想怎样装饰你的脸谱？用什么样的颜色来装饰？

（4）教师出示京剧脸谱范例，引导儿童讨论绘画步骤。

引导儿童讨论先画出对称的图案，再涂上色彩。

（5）儿童装饰京剧脸谱，教师巡回指导。

（6）佩戴脸谱，展示作品，播放《说唱京剧》，感受京韵。

【活动延伸】

在美工区布置儿童的作品，举办小型的“京剧脸谱装饰展”。

【案例分析】

在认识脸谱这一环节中，教师让儿童欣赏了一组京剧人物脸谱，激发了儿童学习的兴趣。教师灵活地将音乐活动与美术活动相结合，在儿童心目中形成影像记忆。在学习声音和模仿动作的过程中，不仅锻炼了儿童的语言模仿力和肢体的协调能力，而且创造了儿童创作的空间。另外，还让儿童了解京剧脸谱是根据性格和人物类型来选用色彩的，让儿童深刻感受每张脸谱的内涵。

在绘画脸谱时，由于前面的铺垫，再加上环境的创设，儿童对于对称也有了一定的认识，因此调动了儿童的积极性，大部分儿童都能画出对称图案，基本完成设定的活动目标。

总之，在学前美术教育的指导中，我们应该打破艺术范畴之间的界限，让艺术的基本语素进行相互混合并且重组，我们会得到一个学前儿童美术教育的新天地。

复习与思考：

1. 学前儿童绘画活动指导的注意事项有哪些?
2. 学前儿童手工活动指导的注意事项有哪些?
3. 学前儿童美术欣赏活动指导的注意事项有哪些?
4. 撰写一篇幼儿园绘画活动教学案例。
5. 撰写一篇幼儿园手工活动教学案例。
6. 撰写一篇幼儿园美术欣赏活动教学案例。

教学拓展：

1. 如何认识学前儿童美术教育活动的多元化?

2. 以组为单位，选择自己感兴趣的内容，撰写幼儿园（大、中、小班）综合美术教学案例，制作教具和PPT，准备试讲。

第六章

学前儿童美术教育评价

本章学习要点：

了解学前儿童美术教育评价的原则与方法。

理解综合运用多种评价方法对学前儿童美术教育的实际意义。

学会通过教师评价和学生评价多种途径开展学前儿童美术教育的评价。

教育评价是指在一定教育价值观的指导下，依据确立的教育目标，通过使用一定的技术和方法，对所实施的各种教育活动的过程和结果进行科学的价值判定过程。

“当代教育评价之父”泰勒（Tyler，R）提出了以教育目标为核心的教育评价理论，改变了以传统考试为基本手段的教学测量方法。自 20 世纪 70 年代以来，许多教育家又提出对教育目标进行评价的思考，强调评价对个体发展的建构作用，使教育评价真正成为全面考查教育效果的重要手段。

第一节 评价的原则与方法

《纲要》明确指出：“教育评价是幼儿园教育的重要组成部分。教师应自觉地运用评价手段，了解教育活动对儿童发展的适宜性和有效性，以利调整、改进工作，提高教学质量。”

教育评价不但使我们了解到儿童当前的美术水平，也促使我们及时发现美术教育过程中的新问题、新情况，并对教育的各个环节进行反思，总结经验与教训。

一、教育评价的原则

教育评价的原则是实施教育评价过程中必须坚持的基本要求和指导准则。学前儿童美术教育是以培养儿童感受和欣赏自然、生活及艺术中的美，提高参与艺术活动的兴趣并积极大胆地表现自己的情感和体验，学会用自己喜欢的方式进行艺术表现活动，通过愉悦的审美过程来健全和完善儿童的人格发展为价值取向。因此，制定学前儿童美术教育的评价原则应遵循适合儿童年龄特征及认知规律、促进儿童可持续发展的指导思想。

1. 适宜性原则

学前儿童美术教育评价应考虑对象的年龄特征、生理及心理特点，以及儿童的思维方式与成年人之间存在的差距。

儿童因其年龄特点，还未对外部世界建立起系统完整的认知经验，心理意识往往是以自我为中心，他们常常通过移情把自身的内心情感投射到他所观察的客体上，使不具生命力的大千世界充满活力，创造出色彩斑斓、充满奇妙的审美意境。

被“人格化”的审美意像创造往往会使儿童全心投入，沉浸其中，忘我地欣赏着被自己灌注了情感或思想后的对象，体验创作过程带来的愉悦。这种成人世界中匪夷所思、“幼稚”的行为，却是儿童参与美术活动的典型特征，因此对在成年人身上再难以找寻的“童真”和艺术创造力，应给予肯定和鼓励。

针对儿童的心理特点，在美术教育活动中也可采取教师不予评价的尝试。为消除儿童紧张的心理和怕受评判的压力，教师应鼓励美术创作中的自由发挥，免受外界因素的干扰和影响，教师既不点评，更不拿某位学生的作品让其他儿童看，以免打断创作者的思路，而为其他同学提供模仿的对象，又会阻碍儿童想象力和创造力的发挥。

学前儿童美术教育的目标不是将每一个儿童都培养成艺术家。所以，不能以儿童掌握了多少美术专业技能技巧作为学习收获和教学效果好坏的标准。学前儿童美术教育是作为儿童素质教育的一部分，它以培养人的全面发展为宗旨，所以在教学的评价标准上，应该以人文精神为导向。对于能表现儿童想象力和真实情感的、具有他们的情趣的作品，都应该评价为好的作品。

美术技巧指标虽然是学前儿童美术教育评价的一个重要方面，但不能忽略学前儿童美术教育的真正目的，否则就本末倒置了。适宜儿童年龄特征和身心发展应成为学前儿童美术教育评价坚持的原则。

2. 有效性原则

教育评价的目的决定了教育评价必须是有效的价值判断。在学前儿童美术教育评价过程中所选取的任何步骤都是本着验证教育目标是否实现、对改进教学策略有否指导和价值肯定的方向进行的。

一些泛泛的教学总结和成绩评定无益于教育目标的达成及促进儿童心智健全成长。切实可行的的做法就是依据教育目标确定评价的参照系统，设定参照标准，通过满足参照条件来实现价值判断的达成。

具体而言，学前儿童美术教育活动应满足儿童年龄特点对美术的需求。实际操作中满足不了这种需求或高于儿童接受能力的教育活动都是无价值的或无效的。

参与学前儿童美术教育活动的直接主体是教师、管理人员和家长。如果教师通过设计、组织美术教育活动提高了自己的美术教育水平，管理人员、同行教师与家长通过参与活动也提高了自己的教育水平，这样的教育活动是有价值的或是有效的。

开展学前儿童美术教育活动评价的根本任务是为教师修订和改进现有的美术教育活动提供客观依据，提高教师的教育水平。为更全面真实地评价每个学生的发展水平，进而采取可行有效的教育策略，《纲要》提出以下几点要求。

（1）教育计划和教育活动目标建立在本班儿童现状基础上。

（2）教育的内容、方式、策略、环境条件能调动儿童学习的积极性。

（3）教育过程能为儿童提供有益发展的学习经验，并符合其发展需要。

（4）教育内容、要求兼顾群体需要和个体差异，使每个儿童都能得到发展，都有成就感。

（5）教师的指导有利于儿童主动、有效地学习。

3. 发展性原则

儿童正值人生智慧启蒙和发端时期。与艺术密切相关的情感体验的成长往往先行于智力水平的提高。关注和挖掘儿童艺术潜力对形成和发展其健全的心理具有非常重要的作用，同时也是贯彻和实施素质教育最基础的保障。因此在学前儿童美术教育活动中坚持发展的观点进行教学评价是教育目标决定的需要。

《3-6 岁儿童学习与发展指南》指出：对儿童阶段性的评价要关注其相对前一阶段发展水平的进步情况，注重保护儿童的自尊心和自信心。以发展的眼光看待儿童，既要了解现有水平，更要关注其发展的速度、特点和倾向等。要兼顾群体水平和个体差异，使每个儿童都得到发展并体验成就感。避免用整齐划一的标准评价不同的儿童，在儿童面前慎用横向的比较，以免产生负面影响。

例如，对于美术能力水平较弱、个性又比较敏感的的孩子来说，当面横向地将其与某一群体或某一标准作比较，很容易造成孩子心理负担和自卑感，由此对美术失去兴趣和信心。

针对不同的学生应尽量从纵向维度来评价，发现其进步的地方加以鼓励，用欣赏的态度和正面积极的评价面对每一个儿童，灵活运用评价尺度，把握好学前儿童美术学习过程和结果的关系。

充分发挥教育评价的发展性功能，应以参与评价的幼儿和教师的发展为本，尽可能地使他们的素质得到整体而充分的发展，使教育水平在不断审视评价中得到完善和提高。

4. 指导性原则

对学前儿童美术教育活动进行评价的直接目的是为指导教师修订和改进教学方案及措施提供客观依据，使教师将最有价值的美术教育活动呈现给儿童，最大限度地促进儿童的发展。通过客观评价，可以检验教师的教育效果，发现问题，查找不足，利于反思和总结，帮助教师提高自身教育水平，获得专业成长。不断的教育实践检验和总结告诉我们，只有经过实践检验、能使儿童真正得到发展的教育活动才是有价值的活动。

在学前儿童美术教育活动实施过程中，针对活动方案设计、活动内容安排、活动方法选择、活动过程进行以及活动结果展现，教师都要做好观察记录，积累可供评价的信息。通过对各环节的一系列评价和反思，查找和总结与预定的目标存在的差距，指导教育活动的改进，实现学前儿童美术教育活动的价值。

教育评价不是搞形式，走过程，应付上级部门的教学检查，而是为改进教学策略、提高教育效果必须采取的步骤。只有踏实认真、客观全面地做好一系列教育评价，才能发挥其指导作用。

二、教育评价的方法

是否促进了儿童审美意识的培养和身心发展，是学前儿童美术活动的评价关键。为此，《纲要》倡导过程化、多元化的评价观念。

评价方法的选择是评价实施的具体手段。只有采取可行有效的方法，才能够深入细致地了解真实的教学情况，获取第一手资料，为实现教育价值判断提供客观依据。

1. 数据分析与描述评价相结合

在学前儿童美术教育活动中，教师可以建立儿童美术学习档案，对每次美术活动中每个儿童的表现及完成情况进行记录并给予评定，通过分析记录数据的变化，来判断每个儿童的美术学习发展情况和班级总体发展水平。

数据分析有助于教师调整和改进教学方法和策略，反思施教过程中的不足以及与预定目标的差距，切合实际地设定下一阶段的教学目标；但对于儿童来讲，数据分析并不一定能真实反映其对美术学习的心理变化。

另外，针对不同儿童的发展情况，可以采用描述评价的方法。以开放包容的视角来观察审视儿童在学前儿童美术教育活动中的成长，关心儿童内心诉求，肯定其在美术活动中的积极态度，观察其活动中的愉悦心情和获得的成就感来做正向评价。多用赏识、肯定的语言鼓励儿童在美术活动中天性的释放和发挥，减少与其他儿童横向比较，促进其在美术学习过程中质的飞跃，同时达到更高层次量的变化，使儿童得到全面发展。

可见在学前儿童美术教育活动中，数据分析与描述评价应有机的结合，互为补充。

2. 教师评价与儿童评价相结合

教师不仅仅是指教师本人，也可包括幼儿园的管理者。通过对儿童发展进行多方面的评价，有利于更全面地审视学前儿童美术教育活动的目标是否达成，也可提出建设性的意见，有助于教师改进教学方法，调整教学策略。

教学评价关注的对象是儿童发展，因此，组织儿童自我评价也很必要。儿童自我评价是通过引导和经验积累逐渐发展起来的一种潜力。因儿童思维能力所限，他们所做的评价主要表现为依从性评价，是在老师的启发下表达倾向性的感受。正确运用儿童自我评价能够使儿童体验成就感、增强自信心，培养进取精神和表达能力。

3. 过程评价与结果评价相结合

美术活动过程是指某一艺术活动从构思到完成作品的过程，其中既有内部心理活动，又有外部的行为表现。这两方面在实际活动中是融为一体的。评价学前儿童美术活动的过程，要观察和记录儿童在美术教育活动中的行为表现，然后整理、分析，从而得出结论。

美术作品是学前儿童美术活动的结果，它清晰地反映出学前儿童美术能力的水平和特点。作品是静态的，可以长时间反复分析一幅作品或将不同作品放在一起对照比较，因此作品分析是一种简单易行的评价方法。

在学前儿童美术教育活动评价中，既要看过程评价，也要看结果评价，偏向任何一方都会造成偏颇。

另外，在学前儿童美术教育活动中，因个体差异的存在，每次教学活动都不会使每个儿童达到同样的标准和水平。如果只是以静态的、横向比较方法来评价儿童，就会陷入简单被动的局面，不利于全体儿童的全面成长。

《纲要》明确指出，“承认和关注儿童的个别差异，避免用划一的标准评价不同的儿童，在儿童面前慎用横向的比较”“以发展的眼光看待儿童，既要了解现有水平，更要关注其发展的速度、特点和倾向等”。因此，既要让儿童人人积极参与美术教育活动，又要允许每个儿童在原有基础上获得不同程度的发展，以欣赏的态度积极地评价每一个儿童，尽可能地找出其进步的地方加以鼓励。

总之，对儿童的评价应该是具体的，而不是泛泛的表扬。只有这样，儿童才能体会到自己的长处和优势。所以，教师要不断转变美术评价的方式和方法，从儿童的个体纵向发展去评价儿童的美术学习。关注儿童的每一次活动过程与结果，激发其保持优势、克服不足之处的动机和行为。

第二节 评价的内容

一、教师的评价

对学前美儿童术教育活动中的教师评价，就是通过对教师组织美术教学的过程及儿童接受信息的程度，对从事美术教育活动的教师的客观评价。其目的是为教师修订和改进现有的美术教育活动计划提供客观依据，从而提高教师的教育水平。

教师应具有把握实施美术教育目标的能力、选择恰当的美术教育内容的能力、组织美术教育活动的能力、创设美术教育活动环境的能力、指导儿童进行美术创作和表现的能力和评价学前儿童美术活动结果的能力。

评价实施有赖于对评价信息的获取和与评价参照标准的比对，进而形成客观、全面的价值判断。具体来讲，对于学前儿童美术教育活动进行的方案设计，可以通过调查、访谈等方式进行；对于活动实施过程的信息，可以通过观察、记录的方式进行统计。为确保观察、记录的信息真实全面，可采用自由的事件记录法和预定的行为目录法。

事件记录法类似于教学日志和会议记录等形式，可按时间顺序将美术教育活动实施时发生的事件逐一记录下来。运用事件记录法要注意区分事实记录与解释记录。前者是客观情况的记述，后者是评价者当时的主观分析与解释。

行为目录法是将预定观察的事项列成详细的表格，观察者只需将现场发生的事项逐条核对标记。两种方法都是具体记录教育现象的客观载体，为评价者提供事实依据。

对教育活动进行的评价，可以是活动实施的当事人——教师本人来进行，亦可是教育管理

者或家长。不同角度评价更能反映客观性，避免教师主观性的干扰。

对学前儿童美术教育活动的教师评价可参照表 6-1 来进行。

表6-1　学前儿童美术教育活动教师评价参照表

序号	评价内容		评价分数					得分
	一级指标	二级指标						
1	教学目标	教学目标正确、条理清楚	5	4	3	2	1	
		符合《幼儿园教育指导纲要》的要求	5	4	3	2	1	
		教学目标符合儿童特点、具体可行	5	4	3	2	1	
2	教学过程	突出儿童学习美术的主体地位	5	4	3	2	1	
		时间分配合理，教学富有节奏	5	4	3	2	1	
		衔接自然，内容能够吸引儿童	5	4	3	2	1	
		儿童参与度高、参与面广	5	4	3	2	1	
3	教学方法	符合儿童的接受能力	5	4	3	2	1	
		教学方法灵活、实用	5	4	3	2	1	
4	教学素养	教学态度亲切，符合儿童特点	5	4	3	2	1	
		普通话教学，语言清晰、流畅、声音洪亮	5	4	3	2	1	
		板书设计合理，范画制作精良	5	4	3	2	1	
		教师示范能力强	5	4	3	2	1	
5	教学特色	具有创新性	5	4	3	2	1	
		有效地开发了可用美术资源与教材	5	4	3	2	1	

二、学生的评价

对美术教育活动中的儿童进行综合评价，主要目的是“了解儿童发展的需要，以便提供更加适宜的帮助和指导”；能够“全面了解儿童的发展状况，防止片面性，尤其要避免只重知识技能的掌握，忽略情感、社会性和实际能力的倾向”。

幼儿园教育的主体是 3 ～ 6 岁的儿童。在美术学习活动过程中，儿童会调动全部心理能量，倾注全部热情和智慧，在与美术媒介的互相作用中，建构起自己的审美心理结构，体现出儿童表达对周围世界的认识和情感态度的独特方式。学前儿童美术作品的内容与形式因年龄不同而有差异，反映了儿童多项发展的特质。

对儿童的评价可以从如下三个层次来进行。

第一，儿童自我评价。针对儿童自身发展状况进行评价，可以将儿童当前的学习与其过去的学习相比较，有助于教师了解儿童各方面的成长。对于儿童来讲，能够使其看到自身进步，增强学习自信心，激发更强的学习美术的动机。

第二，儿童与群体比较。这种横向比较的方法能够发现儿童与整体发展水平的差距，便于教师采取因材施教的的策略，促进儿童全面发展。这种静态比较的方式应回避在儿童当面进行。当儿童感知到压力，就会挫伤学习美术的积极性，产生负面影响。应结合儿童自身发展情况，采取纵向比较的评价方法，肯定其已具备的优点，鼓励儿童进步。

第三，儿童与标准比较。将儿童学习的状况与评价的参照标准进行比较，能够使教师把握儿童在所处发展阶段中的位置，便于确定下一步发展目标。

对学前儿童美术活动的评价可以从活动过程和活动结果两个维度来考察。有必要指出的是，因儿童身心发展的特点，关注活动中的表现比结果的呈现更有积极意义。

1. 学前儿童美术活动过程的评价

美术活动过程评价可以从以下几个方面来进行：

（1）构思方面

构思方面是观察和评价儿童是否能在创造之前预先做好创造的主题和内容的标准。具体可分为以下五种水平：

① 事先构思出主题和主要内容，动手之后围绕构思进行创造；

② 预想出局部内容，完成一项后再做新计划；

③ 动手后构思，由动作痕迹出发，想到什么做什么；

④ 只有动作活动，没有形象创造，美术活动中表现为在纸上随意涂抹或反复掰泥、撕纸。

（2）主动性方面

主动性方面是观察和评价儿童在发起和投入美术活动时情况的标准，具体可分为以下四种水平：

① 由自身兴趣、愿望支配，自主进行美术活动；

② 由特定材料引发开始美术活动；

③ 看到别人从事美术活动，自己跟着做；

④ 在他人要求下开始美术活动。

（3）兴趣方面

兴趣方面是判断儿童是否情愿投入美术活动，在活动中是否有热情，是否感到愉快和满足的标准，具体分为以下四种水平：

① 主动从事美术活动，对美术活动倾注极大热情，完全沉浸在活动之中，默默无语；

② 欣然从命，愉快地从事活动，在做的过程中会自言自语地流露出愉快之情；

③ 对美术活动迟疑不前，在活动中企图离开或张望别人做什么；

④ 拒绝参加美术活动。

（4）专注性方面

专注性方面是观察和评价儿童对美术活动的注意力集中和持久程度的标准，具体分为以下四种水平：

① 能较长时间持续从事已选定的活动，不受外界影响，有时甚至第二天接着做；

② 能在同龄儿童一般可维持的时间内持续从事活动，中途偶有离开的现象发生，但还会主动回来，直到活动完成；

③ 需要鼓励才能把活动完成；

④ 不能把活动进行完，中途改变活动内容。

（5）独立性方面

独立性方面是判断儿童能否自己决定活动任务并完成任务的标准，具体分为以下四种水平：

① 自己决定活动任务，解决问题，拒绝别人干涉，独立完成任务；

② 主动请教他人，考虑他人建议，然后自己完成任务；

③ 模仿他人完成自己的作品；

④ 接受并在他人帮助下完成作品。

（6）创造性方面

创造性方面是判断儿童在美术活动中是否具有独创和表现意识与能力的标准，具体分为以下四种水平：

① 别出心裁地构思、利用材料进行造型；

② 重新组织以前学过的造型式样、方法与技能进行造型；

③ 重复以前学过的造型式样、方法与技能进行造型；

④ 只按老师当时传授的造型式样、方法与技能进行造型。

（7）操作的熟练性方面

操作的熟练性方面是判断儿童从事美术活动时动作是否灵活、准确的标准，具体分为以下四种水平：

① 掌握工具姿势正确、轻松，操作动作连贯、迅速、准确，一次完成动作，作品质量好；

② 掌握工具姿势正确，操作动作平稳，但欠准确，中途修改，作品质量较好；

③ 掌握工具姿势正确但笨拙，操作动作迟缓、准确性差，有失误不知修改，作品显得粗糙；

④ 掌握工具的姿势笨拙有误，只有重复性动作，不能完成作品。

（8）自我感觉方面

自我感觉方面是判断儿童对自己美术成果的看法如何的标准，具体分为以下四种水平：

① 自己认为很成功，主动请别人欣赏自己的作品，并讲解作品的内容和含义，能慷慨地将作品赠人；

② 对自己的作品感觉满意，但不主动展示，听到别人的称赞感到愉快，希望保留作品；

③ 认为不太成功，能接受别人的看法，希望将作品交给老师；

④ 感到沮丧，对别人的反应无动于衷或抵触，对作品去向不关心或毁掉作品。

（9）习惯方面

美术活动中的习惯是多方面的。习惯可以指个人的习惯做法、美术风格等，也可指大家都要自觉遵守的惯例和秩序。这里讲的是后者，主要目的在于判断美术活动能否有步骤、有秩序地开展。

其一是工作的顺序方面，具体分为以下四种水平：

① 有顺序、有步骤地完成作品；

② 弄错步骤，发现后主动纠正，完成作品；

③ 想到什么就做什么，混乱中完成作品，作品有缺陷；

④ 只完成局部，作品半途而废。

其二是保持工具材料的秩序方面，具体分为以下四种水平：

① 保持工具材料的固定位置，用时取出，用后放回；

② 大致保持原位置，错放后能找到；

③ 一片混乱，用后乱放，取时找不到；

④ 不会取放，拿到什么用什么。

2. 学前儿童美术活动结果的评价

对美术活动结果的评判，即对学前儿童美术作品的评价。可以参考台湾地区资深美术教育工作者潘元石著作《幼儿画教学艺术》中提到的观点，从以下五个方面来评价学前儿童美术作品。

（1）作品的表现要符合儿童身心发展，绘画能力要配合他的身心发展，两者才得以平衡发展。

（2）作品要表达儿童的内心意向，并能宣泄个人情感。例如，将自己内心的恐惧、喜悦等内心感受通过绘画明确而强烈地表现出来，使作品更具生命力。

（3）作品要能发挥儿童的个性，要有自我的表现。绘画对儿童而言，是一种按照自己的个性，表现自我、主张自我的手段。因此，只要是属于儿童自己的感受，对儿童本身来说，都是有意义的，而且值得重视。

（4）作品要能表现出活用绘画材料的特性。各种美术材料都有其不同的用法和不同的风格、特性，儿童能够把握其特性，充分地活用它，描绘出生动的画面，才是发挥特质的作品。

（5）作品要和画纸大小相称，才会令人感觉舒适。例如，儿童在大画纸的角落描画出小的形象，或把整个形象描绘得连画线上下左右的空白都没有的话，是不会令人感觉舒适的。

复习与思考：

1. 试述学前儿童美术教育的评价原则。
2. 试论学前儿童美术教育评价的方法。
3. 对学前儿童美术活动的评价有哪三个层次？
4. 学前儿童美术教育活动过程的评价，可以从哪几个方面进行？
5. 如何对学前儿童美术活动的结果进行评价？

教学拓展：

1. 试述学前儿童美术教育评价的重要性。
2. 搜集整理关于国外学前儿童美术教育活动的开展形式的资料。

附录一

幼儿园美术教育活动说课

幼儿园美术教育活动说课是指幼儿教师以幼教基础理论和美术学科学习、认知规律为指导，以《幼儿园教育指导纲要（试行）》为依据，结合具体的教材内容以及儿童的实际情况，主要用口头语言表述对美术教育活动的具体分析、设计及其理论依据的过程。简而言之，就是说清教什么、怎么教、为什么这么教。①

幼儿园说课，要处理好说课和备课、说课和上课的区别，说课是备课的前提，备课是说课的依据；上课面对的是学生，而说课面对的是领导和同行。

说课的基本格式即说课的基本框架，包括说教材、说准备、说学法、说教法、说过程和说教学特色。

一、说教材

1. 分析说课内容在本教材中的地位、作用和意义，与主题内其他教材的联系。

2. 说教学目标。教学目标是教育活动的起点，也是教育活动的终点。确定的情感、认知、能力目标越明确，越具体，反映出教师备课越充分。

3. 要分析教材的重点、难点以及确定重难点的原因和突破方法。

二、说准备

活动准备包括活动前和活动中的准备，可以从知识经验准备和物质准备两方面着手。

三、说学法

1. 学情分析。分析儿童的年龄特点、心理特点、学习特点及其与教材的关系。学情分析是幼儿园教师说课时最容易忽视的。

2. 说学法。学生是教学主体，学法就是激发儿童的学习兴趣、明确学习知识的方法。

四、说教法

教学方法是教师有效地传递信息、指导儿童的途径。说教法主要说明在本次活动中将采用的教学方法和运用的教学手段,以及这样做的原因。就是“怎样教”和“为什么这样教”的环节。

五、说过程

说过程是说课的重点，是能够真正体现教师独具匠心的教学安排，往往是拉大说课距离的

① 但菲，赵小华，刘晓娟．幼儿园说课、听课与评课[M]．北京：北京师范大学出版社，2012：101.

环节。教学过程应该是体现从开始、展开到结束的整个过程。

要把教学过程说得详细、具体，但并不等同于课堂教学实录。对于重点环节，诸如运用什么教学方法突破重难点要细说，一般环节的内容则可少说。尽量避免流水账式的说法。说过程的方法，可以是把整个环节的安排先说出来，再逐环节叙述，也可以是把一个环节的内容说完后，再依次说下个环节的内容，环节之间尽量用恰当的过渡语，使整个说课内容浑然一体。

容易出现的问题：（1）过于简单；（2）只讲清“做什么”，没讲清“怎么做”“为什么”；（3）不能很好地将表格式流程（表格式教学流程及其阐述可看性较强）转换为陈述性流程。

六、说教学特色

教学特色，即教学亮点。要有亮点、与众不同，就要多角度挖掘选材、教学方法等，使教学效果达到最佳。

总之，要说好课，就要：（1）依据教材、大纲，符合儿童实际；（2）重点突出，层次分明，内容具体；（3）说理透彻，理论与实践相结合；（4）语言准确、简练、科学。此外，说课的教师要有热情，有创造，有风度，控制好节奏。

说课案例 1：综合活动“我学小动物”说课稿

各位领导、各位老师：大家好！

今天我说课的内容是小班的综合活动《我学小动物》，此活动选自山东省幼儿园教育活动教材——小班的主题活动《我喜爱的小动物》。

（一）说教材

（1）教材内容分析

动物是人类的好朋友，与人们的生活密切相关，而喜爱动物又是孩子们的天性。此活动故事情节简单，充满童趣，形象鲜明突出，容易引起儿童学习的兴趣，且将游戏融入教学活动过程中，符合儿童的年龄特点和学习特点。正如《纲要》中所述：“既符合幼儿的兴趣和现有经验，又有助于形成符合教育目标的新经验；既贴近幼儿的生活，又有助于拓展幼儿的经验。”

（2）活动目标

儿童通过本主题活动，产生对动物的兴趣，愿意亲近小动物，加深对小动物的关爱；能运用各种感官，初步了解自己喜欢的几种动物，并能进行简单的分类；知道动物是人类的朋友。儿童对“小动物”认识的已有经验水平和潜在的发展水平之间还有差距，因此，我制定了本次活动目标：

① 引导儿童在模仿小动物的活动中获得快乐。

② 培养儿童大胆地用自然音说话、正确发音并能够表演出几种典型动物的叫声和动作。

③ 培养儿童的观察力、记忆力、创造力、模仿力和口语表达能力。

（3）活动重点、难点

本次活动是一个综合活动，其渗透了语言领域、科学领域与艺术领域方面的内容，但活动的重点仍以语言领域中的故事为主，主要引导儿童理解故事内容并能够模仿出几种典型动物的叫声与动作。难点在于理解故事中的词汇：轻、响、快、慢，并能用自然音说话、唱歌。突破重点采用的方法：丰富儿童的知识经验，让儿童自己通过模仿叫声、创编动作加深对动物的印象；注重练习与游戏的多次重复性，使儿童反复感受、反复体验，从而理解词的意义，明白道理。

（二）说准备

活动准备是为具体活动目标服务的，同时，儿童是通过与环境、材料的相互作用来获得发展的。为使活动呈现出趣味性、综合性和活动性，寓教育于实际操作和游戏中，我做了以下准备。

活动前的准备：

① 课前请家长利用休假日带儿童到动物园、动物市场观察和认识各种小动物。

② 搜集各种有关动物的故事、图书、图片、影碟资料，充实到各区域角。

活动中的准备：

① 故事《唱歌比赛》课件；小动物声音课件。

② 故事角色中的小动物头饰。

③ 儿童分组呈半圆形分布坐。

（三）说学法

（1）幼儿现状分析

小班孩子年龄小，独立性差，常常爱模仿别人，他们的思维仍带有直觉行动性，主要依靠动作进行，须在亲身体验、探索中去发现事物的特征。

（2）多种感官参与法

在活动中通过眼看（观察）、耳听（倾听）、脑想（想象），学一学、说一说（尝试）、做一做（练习）等多种方法来获得知识体验。重点是引导儿童注意倾听，大胆表述、表现。儿童学习语言主要是通过倾听这一途径。根据《纲要》中要“养成幼儿注意倾听的习惯，发展语言理解能力”，使儿童“想说、敢说”的要求，我在开始部分着意设计提问“仔细听一听，有什么声音”，让儿童带着问题有目的、有针对性地认真倾听。在欣赏故事中，借助于多媒体课件生动活泼的画面、极富感染力的配乐解说，以及我声情并茂的重复，刺激儿童的各种感官，激发儿童想说的愿望。然后利用各种教学方法和游戏，给儿童提供表达的机会。通过语言的激励调动儿童模仿的积极性，让儿童敢说。多感官参与的活动会给儿童创造更大的发展空间，留下更为深刻的印象。

（3）游戏体验法

针对小班儿童的年龄特点，我采用了表演游戏的方法，通过游戏活动，使每个儿童都有实际体验，获得愉快感、轻松感与成就感。在游戏中，儿童边游戏边练习对话，充分体现《纲要》中提出的“语言能力是在运用的过程中发展起来的”的精神实质。

（四）说教法

在整个教学活动过程中，以直观法、谈话法和表演游戏法三种方法为主。

小班儿童的思维具有明显的具体形象性特点，因此在活动中贯彻直观性原则非常重要。

（1）直观法

直观法包括操作演示法和示范法。通过操作演示课件，激发儿童的学习兴趣。多媒体故事、影音课件具有生动、具体、形象、富于吸引力和感染力的特点，多媒体特有的声像并茂、动静结合等优点，使教学成为有趣的活动，容易引起儿童的兴趣，集中儿童的注意力，使儿童便于理解、易于记忆，从而使孩子们情绪高涨，兴趣盎然；正确的示范则是教儿童掌握语音的基本途径。通过示范，不仅能帮儿童正确地感知语音的微小差别，而且还能让他们掌握发音的部位和方法，而培养儿童正确发音又是小班语言教学的重点任务。

（2）谈话法

由师生相互提出问题和回答问题所组成。恰当的问题有助于活跃儿童的思维，启发学习，有利于儿童获得新知识和发展智力，培养语言表达能力和语言习惯。

（3）表演游戏法

游戏是儿童最喜爱的活动，而表演游戏是要按照故事中的情节扮演一定的角色，按故事规定的内容进行游戏，能够帮助儿童更好地理解和掌握故事的思想内容。 此外，在各个不同的教学环节中还穿插运用练习法、启发联想法、赏识激励法等教学方法，让儿童在轻松、愉快的环境中学习，做到寓教于乐。

（五）说活动过程

（1）听辨声音，模仿动作

在开始的部分播放声音课件，让孩子们倾听辨别：“你都听到了谁的声音？”激发儿童的兴趣，启发孩子仔细倾听并分辨各种声音，有意识地让儿童模仿所听到的小动物的动作，给儿童一个创造性地表达、表现的机会。通过用耳、用脑、用手、用脚、用身体来体会，内化自己的理解，为突破重点做铺垫。

（2）欣赏故事，了解内容

在欣赏故事的过程中，我有意识地强化“小鸡唱得太轻了，小鸭唱得太响了，小狗唱得太

快了，小羊唱得太慢了”，使儿童对难点有一定的认识。根据小班儿童语言能力发展的特点，我的提问指向明确，儿童易于表现，如“小鸡唱得怎么样？它是怎样轻轻唱歌的？怎样唱才好听？”，鼓励儿童之间相互模仿。

（3）表演故事，复习巩固

《纲要》指出：“教师在教育过程中应成为幼儿学习活动的支持者、合作者、引导者”“儿童语言学习是开放而平等的学习。教师和幼儿是构造愉快学习和交流过程的共同体”。小班儿童基本上是以模仿性游戏为主，要在成人的不断提示和启发下才能展开游戏。在表演时，我也加入到游戏中，既担任着“兔子裁判员”的职责，又能够适时指导儿童表演。在游戏中，我不时使用鼓励性的语言和体态进行暗示性的帮助，与孩子共同参与，享受快乐。儿童在游戏过程中反复感受、反复体验，以突破难点。

（4）总结评价，适时教育

在总结的过程中，我对每个（组）儿童给予鼓励性的评价，及时肯定、表扬其表现，并且教育儿童懂得：说话、唱歌声音不大也不小、不快也不慢才是最好听的声音。

此活动内容体现了根基性、直接兴趣性、人文性、情境性、活动性、整体性与发展性，课程组织遵循了相互作用（师生互动、生生互动、个体与集体互动、儿童与环境互动）原理，始终以动静融合的形式展开：倾听声音（静）——模仿声音动作（动）——欣赏故事（静）——表演游戏（动），符合儿童身心发育特点，使儿童易于在轻松愉快的气氛中接受。

（六）课件制作

根据故事内容及儿童年龄特点，我用 Flash 软件制作出多媒体课件，其画面色彩鲜艳，动物形象生动、可爱、充满童趣，配乐明快，解说清晰，极富吸引力和感染力。

说课案例 2：幼儿园中班美术活动“各种各样的鱼”说课稿

（一）说教材

线描画：线描画是用线条的变化来描绘对象及其形体结构的绘画方式，是最古老、最原始的一种绘画方式，也是我国传统绘画的方式之一。线描画的绘画工具比较简单，可以用勾线笔、铅笔、油画棒、钢笔等，利用点、线、面来进行绘画，既可以对物象进行细致入微的刻画，也可以对物象进行简单的艺术处理；既可以进行造型训练，亦可作为艺术家表达情感的一种表达方式。

我班儿童在简笔画的训练基础上，再进行线描画的练习，会使其绘画能力在精细方面和手眼协调方面有很大提高，同时还能提高儿童的专注力，更能激发儿童的绘画兴趣。

儿童在欣赏、发现、感受线条美的同时，大胆进行创作，不仅能将儿童零碎的经验加以提炼，而且与《纲要》中提倡的“教育生活化、生活教育化”的理念相吻合，同时在大班开展线描画，能引导儿童通过“观察—想象—发现—表现—创造”系列活动，有意识地锻炼和培养儿童的观察力、想象力，促进个性的发展。所以，我把线描画作为我班这学期美术特长训练的主要内容。由此我设计了此次活动。

（二）说目标

（1）学习用线条的形状变化和疏密排列来装饰鱼。

（2）鼓励儿童按自己的想象大胆创作，发展儿童初步的创新能力。

（3）向儿童进行人与自然和谐相处的环保教育。

（三）说重难点

活动重点：学习用线条的形状变化和疏密排列来装饰鱼。

活动难点：鼓励儿童大胆想象和创作。

（四）说活动准备

（1）多媒体课件《海底世界》。

（2）画好的线描画作品、其他小朋友画的线描画鱼。

（3）欣赏老师的作品。

（4）白纸、铅笔。

（五）说教学方法

选用适当的教学方法，能起到事半功倍的效果。依据《纲要》的精神和本班儿童的年龄特点，我采用了以下的教法和学法。

（1）多媒体教学法。借助多媒体手段进行观察欣赏演示，则更为简洁、生动，容易吸引儿童的注意。本次活动设计中，我通过幻灯片的展示，让儿童感受到鱼宝宝身上线条的纹样美、图案美。

（2）观察比较法。观察法即运用观察进行教学的方法。通过观察，儿童既形成了准确的形体印象，又把握了局部的细节特点。而在观察中进行比较，则能让儿童更加直观地感受不同的创作手法带来的不同效果。本次活动中，为了让儿童直接感受点、线、面的疏密变化和规律性对装饰效果的影响，我采用了观察比较的方法，让儿童在观察比较三幅特征明显的线描画作品中，发现装饰过于繁杂、无规律，装饰手法单一、缺少变化都不能给人带来美的享受，从而有效地突破了本次活动的重难点。

（3）欣赏评价法。欣赏评价法指的是将儿童不同特点的作品进行对比评价，肯定各自的特点。在本次活动的最后环节，我采用了欣赏评价法，在欣赏的同时围绕以下两个问题展开点评。

问题一：“你最喜欢哪个鱼宝宝？为什么？”，使儿童在审美的同时自然地习得经验，为下

次经验迁移做准备。

问题二：“你是用怎样的线条和图案来装饰鱼宝宝的？”让儿童用语言将自己的装饰意图表达出来，达到分享和交流的目的。在这一环节，教师和同伴的欣赏与评价能让儿童体验到活动带来的愉悦感和成就感。

（六）说活动程序

活动共有以下五个环节。

（1）观看多媒体课件：初步感知和欣赏海底世界各种各样的鱼的花纹，引导儿童说出鱼儿身上花纹的特点。然后请儿童讲讲自己最喜欢哪条鱼，它是什么形状的？身体各部位的名称以及身上的花纹是什么样的？特别是对形状怪异的鱼，启发儿童尽可能讲详细一点。

（2）欣赏课件：先欣赏小朋友的作品，引导儿童说说他们的画用了那些线条装饰，并进行比较。再欣赏老师的作品，让儿童学习装饰鱼宝宝的基本方法。我逐个展示各种点、线、面（即根据儿童回答展示各种线形和点形装饰），既增强了趣味性，又有效地发挥了教育的功效。（欣赏儿童绘画作品，请儿童互相说一说，这些鱼的形状及装饰的线条，说一说它们是什么样的，有什么样的花纹。）然后示范并讲解几种鱼的画法：（欣赏老师的作品）请儿童说说老师画的画都用了什么线条来画各种各样的鱼。教师在儿童最喜欢的鱼身上示范画出各种形状的线条，并重点讲解如何处理线条的疏密关系。请儿童来装饰几条鱼宝宝。引导儿童讨论，你准备画一条什么样的鱼？

（3）通过比较，了解点、线、面的疏密变化和规律性对装饰效果的影响。为了帮助儿童理解线描画抽象的形式美的构成规律，我选择了三副特征鲜明的线描画作品（图一：装饰过于繁杂、无规律；图二：装饰手法单一、缺少变化；图三：疏密变化恰当、有一定规律）。儿童通过观察比较，在教师追问“这两个鱼宝宝美吗？为什么？”的过程中交流、探索、发现，从而掌握线描画的基本规律，为接下来的创作提供支撑。

（4）儿童创作，教师指导要点。

① 鼓励儿童大胆想象出各种奇形怪状的鱼，看谁想的和别人不一样。

② 启发儿童用不同的花纹装饰鱼，并注意线条的疏密变化。

③ 帮助能力差的儿童变化各种线条花纹。

（5）观赏评析作品。

请儿童自由讲述自己所画的鱼。

请个别儿童谈谈自己喜欢哪一条鱼，为什么？

教师小结：今天，小朋友帮助鱼妈妈找回了鱼宝宝，并且鱼宝宝身上的花纹都非常漂亮，线条的疏密也很好，鱼妈妈谢谢你们了，现在我来当鱼妈妈，小朋友来当鱼宝宝，我们一起游到大海里去做游戏吧。

（七）效果预测

整个活动我以孩子的兴趣为出发点，在活动设计中，我既给予孩子技法上的帮助，又给予孩子充分的创造空间。活动中，我始终作为儿童的支持者、引导者和合作者；充分尊重每位儿童的创造，肯定、接纳他们独特的审美观和表达方式，让儿童在特别宽松、开放、愉悦的环境中感受美、表现美。根据对本次活动教法与学法的选择与教学程序的设计，估计活动的重难点将会得到突破。但是由于孩子存在个体差异，因此，我在活动中还将根据孩子的基础和能力水平给予相应的指导，使孩子在原有的水平上得到最大限度地提高。

附录二

幼儿园教师的美术鉴赏素养

一、美术鉴赏概述

美术鉴赏是运用感知、经验和知识对美术作品与美术现象进行感受、体验、欣赏和鉴别的情感活动与思维活动。人们在对美术鉴赏的行为中，通过自身的知识储备和对美术作品的理解，加之联想、想象、分析、情感认同等一系列过程，从而对美术作品作出审美评价，获得审美享受。

美术鉴赏不仅有对美术作品直观的感性认识，还要对其表现技巧、形式语言、艺术倾向、风格流派等方面进行理性分析和综合比较，所以这一情感活动带有很强的理性色彩。它主要通过对具体美术作品的解读和赏析，揭示出美术作品的艺术特色和文化内涵。

鉴赏能力的高低通常与鉴赏者的综合审美水平与文化素养紧密相连。鉴赏能力能够通过后天的培养与学习逐渐提高，以美术鉴赏为基础的审美教育可以开拓人的艺术视野、增长知识、优化情感结构、提升人文素质，对培养德、智、体、美、劳全面发展的青少年至关重要。

二、美术鉴赏活动开展的基本条件

美术鉴赏活动的开展，首先要有两方面的内容，其一是鉴赏客体，也就是美术作品，其二是审美主体，也就是鉴赏人。满足了这两个条件就可以形成美术鉴赏活动，其中作为审美主体的人起着积极主动的作用，而且审美者需要一定的鉴赏能力，也就是能够对审美作品有解读的能力，这样才会是一种圆满的美术鉴赏活动。当然，还有其他影响美术鉴赏活动顺利完成的许多方面，例如环境、展示空间、灯光、地点、时间等因素。

三、美术鉴赏的意义

美术鉴赏的过程是审美主体与审美客体之间的精神碰撞，在碰撞中产生和谐统一。鉴赏主体对社会生活的认识和审美经验的积累，以及个人生活经历的丰富，对美术鉴赏活动产生非常重要的作用和影响。只有具备一定文化涵养、审美能力和长期日积月累的生活感受等客观现实基础，才可能产生美术鉴赏活动中丰富的想象力和艺术感染力，才可能用艺术的直觉去领悟品德的深刻含义。因此，美术鉴赏者必须对社会有深刻的认识和体验，对美术有一定的素养和造诣，才能够较好地完成美术鉴赏活动。

美术鉴赏不仅对从事美术创作的创作者有意义，对社会生活中的每一个人也意义非凡，因为一个人的审美能力的高低不仅体现其审美水平以及文化艺术修养的高低，而且能够让欣赏者从中体验艺术的魅力，陶冶情操，开拓思维，培养想象力与创造力。

四、美术鉴赏力的培养和提高

美术鉴赏能力的提高并非一朝一夕就能够实现的，需要鉴赏者在日常生活中主观地加强这方面的培养，是一个日积月累的过程。对于专门从事美术创作或美术史论相关专业的专业人员来说，需要进行系统的学习，对美术作品、流派风格、艺术语言等进行深入的研究。对于普通的艺术爱好者而言，则不必进行全面的学习，只需要培养自己的爱好，收集这方面的相关资料与书籍，多与专业人员请教、交流，了解中国与西方的美术简史，对于特别感兴趣的作品或者艺术家进行较为深入的研究，由点及面，循序渐进。同时，不断加强自身的文化素养，加深生活阅历，提高审美修养。

做到以上几个方面，加上自己对于美术鉴赏的兴趣，不断在美术鉴赏过程中积累与归纳，日后一定会越来越精于此道。

五、美术鉴赏中的心理现象

1. 美术鉴赏中的多样性与一致性

由于美术作品种类和形式十分丰富，因此对于不同类型的美术作品要有不同的审美标准和审美方式。但是万变不离其宗，任何种类和形式的美术作品，从根本上讲，都具有相对统一的审美观念，例如，中国画和书法，虽然形式和内容都不尽相同，各有各的审美特点，却有着相同之处，都讲求整体气韵的生动、线条的力度、布局的空间、节奏与韵律；油画与雕塑，虽然油画在布上完成，是在平面力上做文章，而雕塑是做出立体效果、三维空间，两者有着不同的审美方式和特点，可究其本质，两者都属于造型艺术，形象性依然是两者共同的审美追求与评判标准。

所以，美术鉴赏是多样性与统一性相结合的审美活动，或者说美术鉴赏的特点包含审美的一致性与多样性。

2. 美术鉴赏中的保守性与先进性

美术鉴赏中的保守性体现在美术作品的保守性上面，也就是美术作品对美术鉴赏的发展有制约作用。美术作品或者流派多年来固执己见，不顺应时代的变迁和历史的潮流，不与时俱进，创作符合时代特点的美术作品，对于美术鉴赏来说，就不可能出现全新的鉴赏观念和审美眼光。而美术鉴赏的先进性则体现在美术鉴赏者对美术作品的批判性上。由于多年来美术创作者的墨守陈规，美术欣赏开始出现审美疲劳甚至厌倦的情况，从而形成美术批评。美术批评带来美术觉醒，又反作用于创作者进行大胆的改革与创新。例如，中国画界美术批评家李小山先生早在20世纪80年代就提出“中国画已经死亡”，给中国画界敲响警钟；吴冠中先生讲“笔墨等于零”更是引起了轩然大波。每一次批判都伴随着美术创作者的觉醒，又为中国画的发展拓宽了道路。所以，美术鉴赏中的保守性与先进性并存，先进性通过打破的方式冲击保守思维而促进美术鉴赏的发展。

六、美术鉴赏的审美心理

1. 注意

美术鉴赏中，首先要有主体欣赏者对客体美术作品的关注与欣赏，也就是美术作品能够引起欣赏者的注意。有了审美注意，才可能引起审美欣赏中的一系列审美活动。

2. 感知

对美术作品的感知是美术鉴赏的首要功能，没有对美术作品的感知，便不能获得美的享受，也不能受到某种教育。具有欣赏美的感知能力，是美术鉴赏的前提条件，是人们获得美感的根本所在。

审美主体从美术作品中获得的愉悦或者美的享受主要源于美术作品的艺术形式和内容。人们在欣赏音乐时产生的愉悦，源于音乐的节奏、韵律和内容，人们在欣赏美术作品时所产生的美感则主要源于作品的表现形式、形象特点、艺术语言等由内而反映于外的直观感受。

所以，感知在美术鉴赏中不可或缺，并影响着美术鉴赏者对美术作品的判断和理解。

3. 联想

美术鉴赏中的联想分为几个层面：其一，由一件美术作品联想到另外一件或者另外几件美术作品；其二，由此种美术作品联想到其他形式的美术作品；其三，由此美术作品中的形象联想到与之相关的早已形成的美术作品和自身主观意象化的还未形成的美术作品。

联想在美术欣赏中十分必要，这也能够体现美术欣赏者的知识储备、审美能力以及创造力，由一件美术作品联想到其他美术作品，这个联想过程自然包含对同类型的美术作品的横向对比，对比的过程就是美术鉴赏的过程。而由此作品中的艺术形象联想到其他作品中的艺术形象，对美术鉴赏同样提供了品评的标准。联想到未曾出现过的形象，则培养了鉴赏者的创造性思维。

4. 想象

想象参与整个美术活动，不管是艺术创作还是美术鉴赏，想象在这些环节中都至关重要，我们重点谈想象在美术欣赏中的作用。由于任何美术作品或艺术品都不是平铺直叙的，其中会有许多类似于象征、暗喻、引导等作用的形象或者符号。例如“仁者乐山，智者乐水”；例如红色在西方代表着暴力与血腥，而在中国却象征着欢乐与喜庆。

任何好的美术作品都会给观者留有想象的空间和余地，一目了然的作品让人感到无聊与乏味，人们通过画面中现有的物体和形象能够想象到大于现有形象数倍的物象与空间，这样也能给审美者带来美的享受与愉悦。

5. 理解

理解是逐步认识事物的联系、关系直至认识其本质、规律的一种思维活动。不同鉴赏者对同一美术作品有不同的理解，理解程度与理解水平的高低也制约着鉴赏者的审美眼光。美术作品不仅具有感性的形式和生动的形象，而且有内在的寓意和深刻的意蕴。所以，在美术欣赏中，必然是情感体验与欣赏判断的结合，是感性因素与理想因素的结合。

6. 情感

情感在审美活动中至关重要，一件美术作品的好坏除了品质的高低、技巧的好坏，情感的传达也是衡量一件美术作品好坏的关键。

一件美术作品倾注了创作者大量的心血，蕴含着创作者饱满的情绪，欣赏者也能够从中体会到创作者的情感变化。若欣赏者所感受到的情感与创作者所要传达的情感达到了高度的统一与契合，这便是从美术创作到美术鉴赏整个美术活动的成功。罗中立笔下的父亲形象，让人更多感受到中国传统社会农民身上所具有的那种温厚、善良、勤劳和淳朴的美，这种美具有一种感人至深的力量。

美术作品的目的就应该是传达情感，而不是展现技法与形式，技法的高超与形式的多样终究胜不过情感的传达，美术创作者与鉴赏者能够达到情感的沟通与共鸣才是美术鉴赏最本质与最有价值的部分。

七、美术鉴赏的一般规律在教育教学活动中的运用

1. 充分揣摩作品内涵

充分揣摩作品内涵体现在欣赏者的主观能动性上面。鉴赏者要鉴赏一件美术作品，想要把它分析得到位并且透彻，就要打开自己的鉴赏思维，运用自己的知识储备，通过对比分析、比较研究、联想与想象、情感共鸣来充分地认知作品，这样才有可能做到对作品进行比较充分并且正确的鉴赏。

2. 引导受教育者主动参与

鼓励与支持学生参与到对美术作品的鉴赏活动之中，通过带领大家共同分析与欣赏美术作品，从而引起受教育者的兴趣。例如，分析尼德兰著名油画家杨•凡•艾克的油画作品《阿尔诺非尼夫妇像》，画中的男主人公是位荷兰皮毛商人，是画家的好朋友，所以这幅肖像画是当时社会生活的真实写照。肖像的背景是非常具体真实的室内景，而且是阿尔诺非尼夫妇举行婚礼的场面，画中小圆镜上方是画家的亲笔签名，从而使这件作品兼有结婚证书的价值。这样通过带领大家共同分析美术作品，激发学生的学习兴趣，从而引导其主动参与。

3. 为受教育者提供理性指导

通过教授学生欣赏美术作品时应注意到的规律性的东西，如绘画中的构图、颜色的搭配、画面的分割，雕塑中的造型、塑造手法的运用，书法艺术的线条、字的结构、整体气韵等普遍艺术规律，为受教育者提供理性的指导，让其循序渐进地学习，慢慢地引导其注意关注联想、想象和情感传达，从而对美术鉴赏有自己更高的理解。

4. 自主探究，实现教育功能

通过教师不断的引导和帮助，学生开始能够自主进行对美术作品的鉴赏与把握，掌握了美术鉴赏中规律性的东西，结合自己对美术鉴赏的认识，应用到对美术作品的鉴赏之中，从而形成自己独有的美术鉴赏的独特视角与艺术语言。如此，便实现了美术教育的功能。

八、中外古代艺术成就

1. 绘画

（1）东晋的顾恺之，有“画绝、文绝和痴绝”三绝之称，与陆探微、张僧繇并称“画界三杰”。其绘画的传世摹本有《女史箴图》（见图 1）、《洛神赋图》（见图 2）、《列女仁智图》等，以《洛神赋图》数量最多。此外，他所提出的“迁想妙得”“以形写神”等艺术观点对后世影响极大。

图1 《女史箴图》，顾恺之

图2 《洛神赋图》，顾恺之

《女史箴图》是顾恺之的代表作品，此图依西晋张华的文学著作《女史箴》而画，内容是劝解宫中妇女遵守的一些封建道德规范。画家通过表现贵族妇女的生活情境，展现她们的神采，

画面中每个人物都表现得十分细致入微，线条的勾勒结合形象的生动，给观者一种活灵活现的感觉，让人身临其境。

（2）阎立本的《步辇图》《历代帝王图》、吴道子的《八十七神仙卷》《天王送子图》、周昉的《簪花仕女图》。

图3 《步辇图》，阎立本

《步辇图》（见图3）为唐代著名人物画家阎立本所画，作品以当时唐太宗下嫁文成公主与吐蕃王松赞干布联姻的事件为背景，画面表现了吐蕃使者禄东赞及其随从前来拜见唐太宗的情景。禄东赞及其随从明显的高原民族特色与唐太宗谦和外表中又蕴含的雄才大略形成对比，人物塑造刻画到位，线条挺拔有力而韧性十足，人物设色深沉、雅致，将性格特征也展现得十分传神，到现在仍然具有重要的历史价值。

（3）北宋四家（董源、范宽、李成、郭熙），南宋四家（李唐、刘松年、马远、夏圭）。

山水画在宋代达到高峰，结构严谨，法度森严，深沉有力。其中范宽的《溪山行旅图》（见图4）和李唐的《万壑松风图》（见图5）具有代表性。其中《溪山行旅图》纵206厘米、宽103厘米，表现了北方巍峨大山的雄强，主山体占了整个画面的三分之二，山体运用勾线再皴

图4 《溪山行旅图》，范宽

图5 《万壑松风图》，李唐

擦的方式层层叠加，最后呈现出厚重雄强的体势。画面下部表现近景，嶙峋的山石与树丛之间夹杂着过路的行人和牛马，人物与牲畜在图中极小，这更加衬托出了山的高大，放眼望去，让人身如临其境，赞叹不已。

（4）张择端，字正道，东武（今属山东）人。故宫博物院所藏《清明上河图》是其传世名作。另外，天津博物馆藏有署名“张择端”的小幅《西湖争标图》，系委托之作。

《清明上河图》（见图 6）是展现宋代人民真实市井生活的写照，作者采用散点透视的方法，将画面结构分为三段：纵横交错的街景、以汴河虹桥为中心的商贸活动和郊野风光。作者观察细微，笔法严谨，聚散布局合理，展现了高超的绘画技巧和艺术水平。

图6（a）《清明上河图》局部，张择端

图6（b）《清明上河图》局部，张择端

图6（c）《清明上河图》局部，张择端

图6（d）《清明上河图》局部，张择端

图6（e）《清明上河图》局部，张择端

（5）元四家（黄公望、王蒙、倪瓒、吴镇）及赵孟頫代表作《秋郊饮马图》和《浴马图》（见图 7）。元代画家黄公望的《富春山居图》（见图 8）是中国十大传世名画之一。此图为横幅长

图7 《浴马图》，赵孟頫

图8 《富春山居图》局部，黄公望

卷，以苍润精炼的笔墨和优美动人的意境表现浙江富阳、桐庐一带的山容水貌和富春江上的秀丽风光。此卷系应友人郑无用之请而绘，每兴之所至即点染挥毫，前后断续酝酿数年始完成，神奇的是最后作品风格统一，左右连贯，好似一气呵成。这幅画于清代顺治年间曾遭火焚，断为两段。前半段重新定名为《剩山图》，现藏于浙江省博物馆；后半卷《富春山居图》世称《无用师卷》，现藏台北故宫博物院。

（6）明四家（沈周、文徵明、唐寅、仇英）自沈周开创，形成于文徵明，他们的绘画以山水为主，多描绘江南风光与人文园林，代表性作品有沈周的《庐山高》（见图 9）、唐寅的《落霞孤鹜图》（见图 10）。

（7）王渊，字若水，号澹轩，钱塘（今杭州）人，生活在元末明初，善画山水、人物，尤精花鸟竹石。其传世作品主要有：故宫博物院藏《山桃锦鸡图》（见图 11）《墨牡丹图》，山西省博物馆藏《花鸟》，上海博物馆藏《花竹禽雀图》，台北故宫博物院藏《桃竹春禽图》等。

图9 《庐山高》，沈周

图10 《落霞孤鹜图》，唐寅

图11 《山桃锦鸡图》，王渊

（8）清四僧（朱耷、石涛、弘仁、髡残）。由于四位画家都是僧人，又具备各自的风格面貌，故统称为“四僧”，其作品以山水为主，兼有禽鸟花卉等题材，每人各有特点，朱耷作品中的动物，多表现白眼向天、不问世事的孤傲，整幅作品简逸荒寒；石涛的作品繁冗复杂，“搜尽奇峰打草稿”，尽显奇异之态；髡残淳雅，弘仁幽疏。代表性作品有朱耷的《河上花图》（见图12）、石涛的《搜尽奇峰打草稿》、弘仁的《黄山图》、髡残的《山水图》等。

（9）郑燮，字克柔，号板桥，江苏兴化人，乾隆元年（1736）进士。为官清正，性格旷达。有“狂”“怪”之誉，为“扬州八怪”（罗聘、李方膺、李鱓、金农、黄慎、郑燮、高翔和汪士慎）之一。书画皆善，画中以兰竹之作最负盛名。其作品有《兰竹图》（见图13）等。

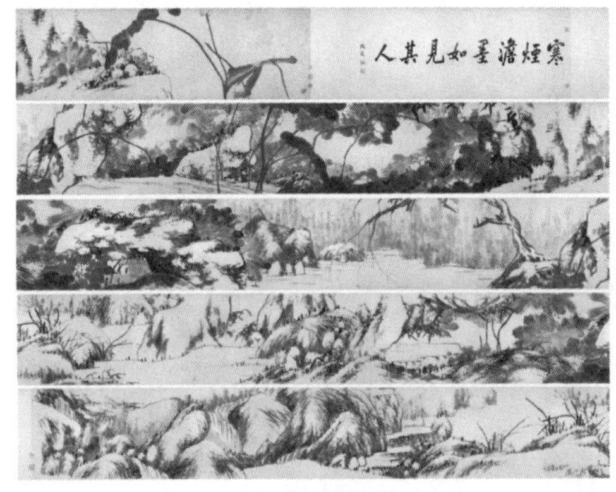

图12 《河上花图》，朱耷

图13 《兰竹图》，郑燮

（10）齐白石，原名纯芝，后名璜，字渭清，又字兰亭，号濒生，别号白石山人、寄园、寄萍、寄萍堂主人、老萍、萍翁、寄幻仙奴等。湖南湘潭人，擅绘画、篆刻和书法，也攻诗词。绘画以花鸟见长。曾任中央美术学院名誉教授、中国美术家协会主席。20世纪中国画艺术大师，20世纪十大书法家、画家之一，世界文化名人。其作品笔墨老辣但不失生动，情感质朴天真，动物形态捕捉得十分到位，代表作品有《虾》《蟹》《牡丹》《牵牛花》《蛙声十里出山泉》（见图14）等。

（11）张大千，号大千，四川内江人，从小即在母亲指导下学习花鸟画与书法。在技法上以泼彩、泼墨相结合的手段，为中国画的用色、用墨开辟了新途径。他是20世纪中国画坛最为传奇的国画大师。代表作有《振衣千仞冈》（见图15）《来人吴中三隐》《石涛山水》《梅清山水》《巨然茂林叠嶂图》等。

（12）徐悲鸿，1895年出生，江苏宜兴屺亭镇人。徐悲鸿先生是20世纪最杰出的画家和美术教育家，早年留学日本和法国，归国后坚持现实主义绘画创作道路，把西方写实观念

图14 《蛙声十里出山泉》，齐白石

图15 《振衣千仞冈》，张大千

和素描技法引入中国人物画的创作之中，为中国画的发展拓宽了道路。徐先生的奔马著称于世，他画的马打破了中国传统画马的造型程式，用笔肯定，用墨淋漓，奔马体态矫健，栩栩如生，收放自如，真正做到“尽精微而致广大”。代表作品有《八骏图》《愚公移山》《九方皋》等。

（13）傅抱石，江西新余人，原名傅瑞麟，因喜爱清初石涛的画，自号“抱石斋主人”，后遂改名为傅抱石。后得徐悲鸿赏识，赴日留学。新中国成立后任教于南京师范学院美术系，曾任江苏国画院院长、中国美协副主席等职。其代表作品有《江山如此多娇》（见图16）《潇潇暮雨》等。《江山如此多娇》系傅抱石与关山月合作为人民大会堂绘制，取毛主席诗词《沁园春•雪》中诗句，通幅作品运用了现实主义与浪漫主义相结合的创作手法，俯视江山，云雾缭绕，咫尺千里，气势磅礴，毛主席亲笔题“江山如此多娇”，更加增加了这一作品的艺术价值与深远的历史意义。

图16 《江山如此多娇》，傅抱石

（14）达•芬奇，意大利文艺复兴三杰之一，也是整个欧洲文艺复兴时期最完美的代表。他是一位思想深邃、学识渊博、多才多艺的画家、寓言家、雕塑家、发明家、哲学家、音乐家、医学家、生物学家、地理学家、建筑工程师和军事工程师。他的艺术实践和科学探索精神对后世产生了重大而深远的影响，他是人类智慧的象征。其代表作品有《蒙娜丽莎》（见图17）等。

（15）米开朗基罗，意大利文艺复兴三杰之一。意大利文艺复兴时期的画家、雕塑家、建筑师和诗人，是文艺复兴时期雕塑艺术最高峰的代表。

（16）拉斐尔，意大利杰出的画家，意大利文艺复兴三杰之一。他的作品博采众家之长，形成了自己独特的风格，代表了当时人们最崇尚的审美趣味，成为后世古典主义者不可企及的典范。其代表作品有油画《西斯廷圣母》（见图18）、壁画《雅典学院》。

图17 《蒙娜丽莎》，达芬奇

图18 《西斯廷圣母》，拉斐尔

（17）印象派画家，19 世纪法国印象派风靡西方美术界，并产生了许多大师与优秀的作品。他们倡导走出画室，描绘自然景物，以迅速的手法把握瞬间的印象，使画面呈现出新鲜、生动的感觉。代表画家马奈、雷诺阿、德加和莫奈等，他们都把“光”和“色彩”作为绘画追求的主要目的。代表作品有莫奈的《日出·印象》（见图 19）、《睡莲》，马奈《草地上的午餐》，西斯莱《马尔利港的洪水》等。

图19 《日出·印象》，莫奈

（18）毕加索，西班牙人，自幼就有非凡的艺术才能。他的父亲是美术教师，少年的毕加索又曾在美术学院接受过比较严格的绘画训练，具有坚实的造型能力。他一生中画法和风格几经变化，分为这样几个时期：“蓝色时期”“玫瑰红时期”“黑人时期”。代表作《亚维农少女》《卡思维勒像》《瓶子、玻璃杯和小提琴》《格尔尼卡》《梦》等。

2. 文字和书法

（1）商朝

甲骨文（见图 20）已经成为比较成熟的文字，用于王室和贵族的占卜活动。我国已出土甲骨 15 万片，共发现甲骨文 4 500 余字，目前仅破译了 1 500 多字。

图20　甲骨文，商朝

（2）西周

金文（见图 21）是铸刻在青铜器上的文字。西周晚期的毛公鼎，腹内铸有铭文 499 字，是目前已发现的铭文最多的青铜器。

图21　大盂鼎铭文，西周

（3）秦朝

标准字体是小篆，民间流行更简化的隶书。

（4）东汉

隶书（见图 22）是汉朝主要字体，东汉末年书法成为一种艺术，张芝是东汉著名的草书大家，被后人称为“草书之祖”。

图22 张迁碑，东汉

（5）曹魏

钟繇开始把隶书转化为楷书（见图 23）。

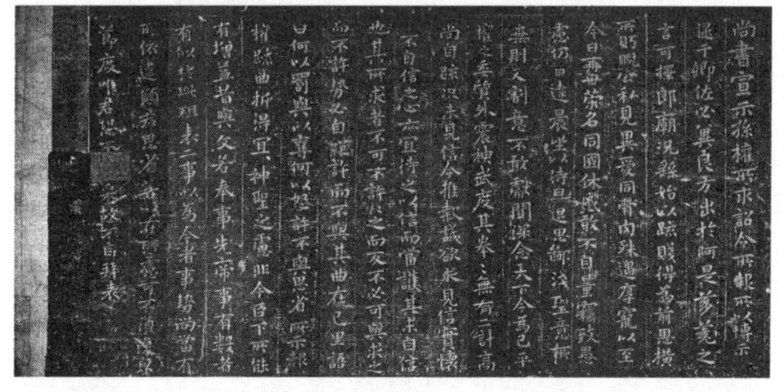

图23 《宣示表》，钟繇

（6）东晋

“书圣”王羲之，代表作《兰亭序》（见图 24）、《黄庭经》。

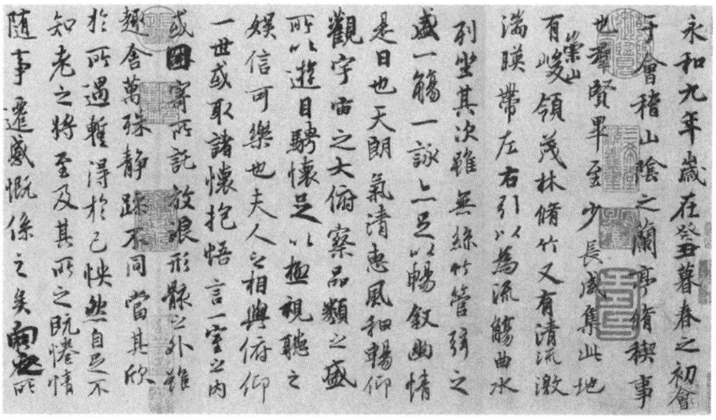

图24 《兰亭序》，王羲之

（7）唐朝

初唐三大家：欧阳询、虞世南、褚遂良，其中欧阳询代表作《九成宫醴泉铭》（见图 25）。

图25 《九成宫醴泉铭》，欧阳询

盛唐：颜真卿，“颜体”，代表作《多宝塔碑》、《颜氏家庙碑》（见图 26）、《祭侄文稿》。

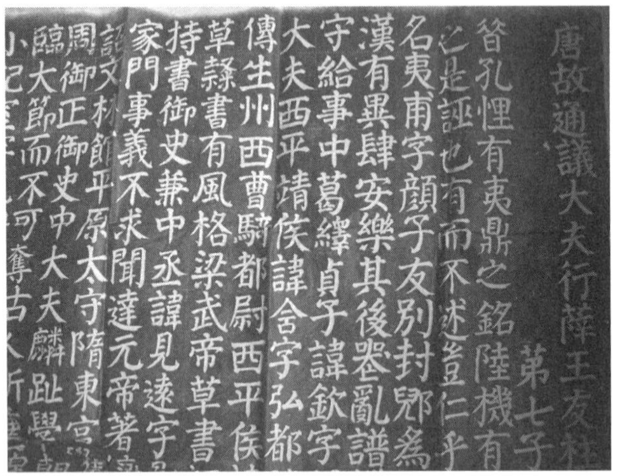

图26 《颜家庙堂碑》，颜真卿

中晚唐：柳公权，“柳体”，代表作《神策军碑》《玄秘塔碑》《冯宿碑》《李晟碑》；张旭和怀素和尚被誉为“草圣”，其代表作品如图 27 所示。

（8）宋朝

宋四家（苏轼、黄庭坚、米芾、蔡襄），宋徽宗赵佶也是位杰出的书法家，以“瘦金体”著称。其中，苏轼的代表作品有《跋吏部陈公诗帖》（见图 28），黄庭坚的代表作品有《惟清道人帖》（见图 29）。

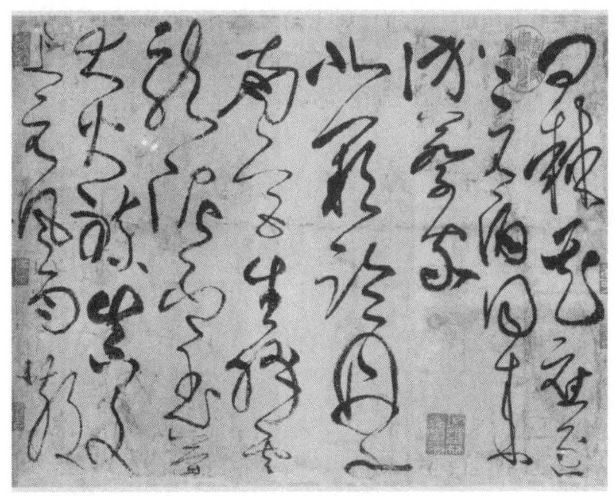

图27　草书《古诗四帖》，张旭

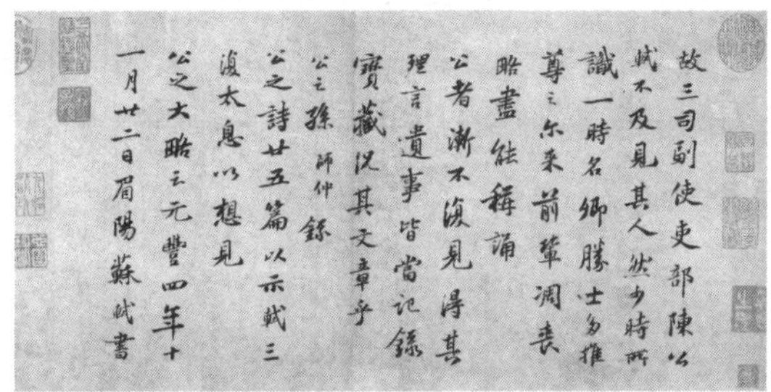

图28 《跋吏部陈公诗帖》，苏轼

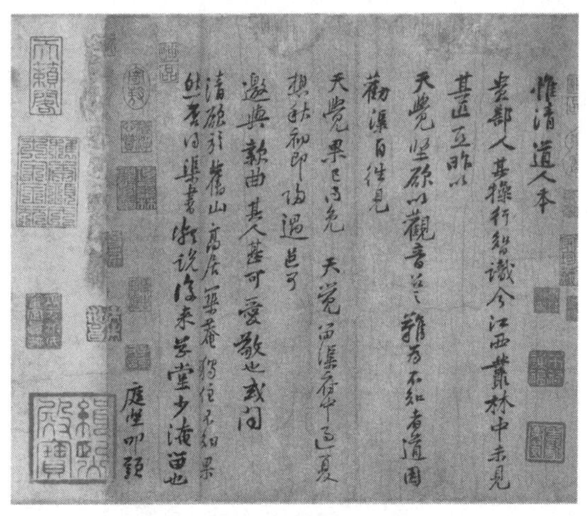

图29 《惟清道人帖》，黄庭坚

（9）元朝

赵孟頫与唐朝欧阳询、颜真卿、柳公权并称为“楷书四大家”。其中赵孟頫的代表作品有《雪岩和尚拄杖歌卷》（见图 30）。

2009 年，中国书法、篆刻艺术双双被联合国教科文组织列入“人类非物质文化遗产代表作名录”。

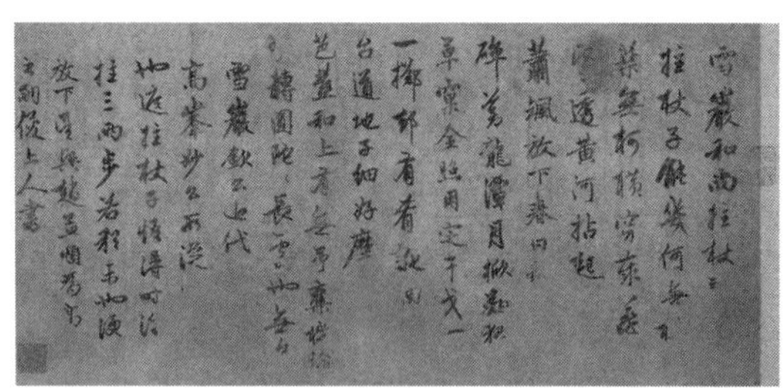

图30 《雪岩和尚拄杖歌卷》，赵孟頫

3. 雕塑

（1）商周

青铜器艺术在商周时代盛行，多为礼乐器，是统治阶级用以区别尊卑等级的器物。礼器一般有鼎、盉、觚、鬲、豆、簋、钺等；乐器有铃、铙、鼓、钟、镈等。这一时期的代表性作品有《饕餮乳钉纹方鼎》《四羊方鼎》《曾侯乙编钟》等。另外，青铜人物、动物雕塑或者雕有人物和动物的礼器也有较大批量的生产，古蜀国的青铜雕塑，包括太阳神树、青铜大立人像、凸目人面像等，体现了古蜀先民高超的创造力和工艺水平。

（2）秦朝

秦始皇陵兵马俑（见图 31）是迄今为止出土的世界上最大的雕塑艺术宝库，坐落在陕西省临潼县骊山北麓。1974—1976 年，在秦始皇陵东桓外的临潼西杨村南先后发现三座埋藏大型陶塑兵马俑的随葬坑。其中的兵佣布局严谨、排列整齐，各个兵种齐全，并各司其位，整体气势磅礴，全部面向东方。秦俑采取写实的表现手法，人物形态、面部表情、结构比例全都按照真实人的状态进行塑造与刻画；运用整体排列的方式，把相对单一的塑像进行有序的重复，产生排山倒海的气势，让人望而生畏，被誉为世界“第八大奇迹”。

图31 秦始皇陵兵马俑 1号坑

（3）汉朝

两汉瑰宝：汉阳陵（汉景帝墓）出土上万件举世无双的陶俑，以仕女俑最为著名。甘肃武威出土的东汉铜奔马，又名马踏飞燕（见图 32），是国之重宝。霍去病墓石刻是汉代石刻艺术的高峰。现存的霍去病墓石刻有马踏匈奴、卧马、卧虎、人熊大战、卧象、石蛙、卧牛、石蟾等 14 件雕塑作品，全都采用循石造像的方式雕刻而成。所谓循石造像是指根据石体外轮廓经过简单雕凿，恰如其分地表现出石刻形象，这样所雕凿的作品由于最大限度地保留原石本来的形态，因此作品整体的力量感和体量感尤为突出。

图32　马踏飞燕，东汉

（4）魏晋至隋唐

佛教雕塑：魏晋南北朝是古代雕塑史上的一个重要发展时期，规模更为巨大，技巧更成熟，并吸取、借鉴和融合外来艺术。这一时期佛教雕塑居于主体地位，而佛教雕塑的主要成就在四大石窟中得以体现，四大石窟分别是敦煌莫高窟、山西大同云冈石窟、河南洛阳龙门石窟、甘肃麦积山石窟。到了隋唐，开窟造像之风十分兴盛，四大石窟在这一时期更是得到了史无前例的拓展与丰富。

甘肃敦煌莫高窟（见图 33）是我国石窟艺术的精华，地处河西走廊西端，是古代关中通往西域的咽喉，开凿于前秦建元二年，共经历 11 个朝代不断修造，至唐朝开窟造像之风达到鼎盛期。至今现存 492 个洞窟，这些洞窟比较完整地保存了建筑、雕塑和壁画，为我们了解洞窟艺术留下了宝贵的资源。其中，壁画多表现佛本生故事、飞天及天宫伎乐等；雕塑多表现佛祖、菩萨、佛弟子等，多与壁画相结合。

阿难像是莫高窟中第 45 窟的佛弟子造像，塑造于唐代。整个洞窟是彩塑与壁画相结合的形式，菩萨都是绘于墙面之上，佛弟子雕塑而成。迦叶是一个长者，双眉紧锁，眼睛目视下方，像在思考着什么。而阿难像却表现出一位具有丰富学识又十分谦卑的青年僧人的样子。此雕像通身彩塑，手法写实，面部神态和整体造型都十分到位，身上的衣纹以及纹饰图案都十分灵动，头和手的处理尤为精彩。

云冈石窟中第 16 窟至第 20 窟的昙曜五窟最为知名。其中第 20 窟的坐佛像（见图 34），建造于北魏时期，主尊高 1440 厘米，坐佛充斥整个洞窟，体量非常巨大。由于佛像头部处理

得略大，自下而上仰视佛像时不会产生因透视原因而使头部缩小的感觉，给礼拜者以无比的威严。佛像头部刻画生动，线条洗练，双眼炯炯有神，鼻梁直挺，嘴角上翘，大耳垂肩，整个头部圆中带方，张弛有度。周身衣纹处理错落有致，线条分布疏密相间，古朴大方，显然受到当时西北地区凉州造像的影响。

图33　敦煌莫高窟

图34　云冈石窟第20窟坐佛像

龙门石窟（见图 35）奉先寺大型石刻群，气势恢宏，群像体量巨大，形态各异，相传是唐代武则天主持修建的。以庐舍那佛为中心，两侧分别为弟子迦叶与阿难、菩萨、天王、力士。主佛卢舍那大佛为坐姿，通高 1714 厘米，其头部形象刻画与前代相比更为深入、精细，神情镇定自若，面带微笑，头部发饰特点突出，层次分明，佛身衣纹处理得更加简练，与头部的细化产生鲜明的对比，主次分明，可惜腿和手的部分已经遭到破坏。

麦积山石窟（见图 36）现存窟龛 194 个，分为上下数层，层层雕镌在一峰独起、形似麦积的悬崖峭壁之上，石窟造像以泥塑为主，洞窟原有壁画，现损毁严重，北魏时期是麦积山的鼎盛期，现存洞窟 70 多个，肩宽厚胸为这一时期的塑像特点。第 76 窟和第 115 窟为阿弥陀佛、观音、大势至菩萨三尊塑像。

图35　龙门石窟

图36　麦积山石窟

（5）北宋

重庆大足石刻（见图 37）是位于中国西南大足区境内所有石窟造像的总称，世界文化遗产，世界八大石窟之一，有雕像 5 万余尊，它代表了公元 9—13 世纪世界石窟艺术的最高水平，是人类石窟艺术史上最后的丰碑。

图37 大足石刻《千手观音》

4. 手工艺

中国古代手工艺技术的成就主要体现在青铜器、陶瓷器、玉器和纺织品等方面。

（1）青铜器

青铜器在商周时期达到了登峰造极的高度。汉朝以后逐渐没落，工艺失传。在河南安阳殷墟、陕西周原、江西、湖南、四川等地出土了大量青铜器国宝（见图 38）。

图38 四羊方鼎

（2）陶瓷器

中国古代陶器有悠久的历史渊源。有旧石器时代晚期距今 1 万多年的灰陶，有距今 8 000 多年前的磁山文化的红陶，有距今 7 000 多年的仰韶文化的彩陶，有距今 6 000 多年的大汶口的"蛋壳黑陶"，有距今 4 000 多年的商代白陶，有距今 3 000 多年的西周硬陶，还有秦朝的兵马俑、汉朝的釉陶、唐朝的唐三彩（见图 39）等。到了唐宋时期，瓷器的生产迅猛发展，逐渐取代了陶器的历史地位。

图39　唐三彩《骆驼伎乐佣》

唐朝“南青北白唐三彩”：“南青”指越窑的青瓷，“北白”指邢窑的白瓷，“唐三彩”指洛阳出土的彩陶俑。

宋朝“五大名窑”：汝窑（见图 40）、官窑、哥窑、钧窑和定窑。

图40　汝窑《天青釉圆洗》

景德镇瓷器：发达于元朝，在明朝成为全国制瓷中心。景德镇有四大传统名瓷：青花瓷、粉彩瓷、颜色釉瓷和玲珑瓷。

（3）玉器

玉文化是古代中国独特的传统文化。中国人使用玉的历史有上万年之久。距今 8 000 年的红山文化辽宁查海遗址出土大量玉佩、玉饰。内蒙古红山文化遗址出土了大型 C 形玉龙，被称为“中华第一龙”（见图 41）。距今 5 500 至 4 300 年的浙江良渚遗址发掘出土大量玉器，包括玉琮、玉钺等。经科学家勘别，良渚玉器所用玉为新疆和田玉。而在四川三星堆古蜀国遗址，发掘出土了良渚的玉器，说明在四五千年前中国东西部已经有了经贸交流。商朝玉器与青铜器一样是重要的礼器。河南安阳殷墟商朝妇好墓出土大量精美玉器。春秋战国时期，玉文化形成。玉与礼、德挂钩。《韩非子》记载了春秋时期和氏璧的故事。汉朝诸侯王殡葬身着金缕玉衣。

河北的西汉中山靖王墓出土了两套完整的金缕玉衣。金缕玉衣是将多达两千多玉片用金丝编缀而成。宋、辽、金时期，玉器中实用装饰玉占重要地位。宋徽宗赵佶嗜玉成瘾，金石学兴起。

图41　红山文化C形玉龙

（4）纺织品

现存最早的家蚕丝织品出土于具有 5 000 多年历史的良渚遗址。西汉马王堆汉墓出土仅 49 克薄如蝉翼的素纱蝉衣。中国四大名绣：蜀绣（见图 42）、苏绣、湘绣、粤绣。南京云锦、中国蚕桑丝织技艺于 2009 年成为联合国教科文组织评选的人类非物质文化遗产。

图42　蜀绣

5. 建筑

木结构建筑为主，在造型上，人字屋顶和飞檐斗拱体现了最典型的东方风格。保留至今的杰出古代建筑典范如下。

（1）皇家建筑：故宫（见图 43）、天坛（见图 44）、颐和园、承德避暑山庄、沈阳故宫。

图43　故宫

图44　天坛

（2）帝王陵寝：秦始皇陵和兵马俑、乾陵（见图 45）。

图45　乾陵石狮

（3）明清皇陵：清东陵、清西陵、明十三陵（见图 46）、南京明孝陵。

图46　明十三陵全景

（4）宗教建筑：嵩山古建筑群、武当山古建筑群、五台山古建筑群。

（5）防御工事：长城。

（6）最为古老的木建筑：仅存的唐朝木结构建筑——五台山古刹佛光寺和南禅寺；千年木塔——山西应县木塔（见图 47，辽代）。

图47 应县木塔

（7）古老的砖石建筑：河北赵州桥、西安大雁塔、大理崇圣寺三塔、开封铁塔。

（8）江南园林：苏州拙政园（见图 48）、留园、南京瞻园、无锡寄畅园、扬州瘦西湖、个园、何园等。

图48 苏州拙政园

（9）古希腊建筑（见图 49）：希腊的建筑主要以神庙为主，并形成了它的典型形式——围柱式，即建筑周围用柱廊环绕 。围柱式又分为两种形式：多利亚式是对刚强的男性人体的模仿；伊奥尼亚式则是对柔和的女性人体的模仿。古希腊建筑四周规范化的柱式系统和比例布局上的精妙变化，使每个建筑部位都有逻辑性，以理性的手段解决建筑中的结构问题，以巴底农神庙为代表，在西方建筑史上具有里程碑意义。

图49　古希腊建筑，雅典卫城

（10）罗马式建筑（见图 50）：基督教堂最早的建筑风格，其规模宏大、体量厚重。在技术上首先使用三合土，在结构上广泛采用各种拱券，在建筑类型上比希腊更为丰富。有集会场、圆形剧场、桥梁、道路、凯旋门和别墅等。代表性作品有罗马角斗场。

图50　罗马式建筑，比萨建筑群

（11）拜占庭建筑：主要继承了罗马建筑风格，格局多为集中式，平面为圆形或多边形，中央以半圆的大穹隆顶统一分散结构单元。圣索菲亚大教堂的建造，在构思和技术上受到罗马万神庙的影响很大，同时也混合了东方与西方、过去与未来的结构，是一个气魄宏伟的综合性建筑。

（12）哥特式建筑风格（见图 51）：盛行于 12—15 世纪，1140 年左右产生于法国的欧洲建筑风格。以宗教建筑为多，高耸的尖塔，超人的尺度和繁缛的装饰，形成统一向上的旋律。整体风格为高耸消瘦，对后世其他艺术均有重大影响。

图51　哥特建筑，米兰大教堂

（13）巴洛克建筑风格（见图 52）：17—18 世纪在意大利文艺复兴建筑基础上发展起来的一种建筑和装饰风格。17 世纪起源于意大利的罗马，后传至德国、奥地利、法国、英国、西班牙、葡萄牙，直至拉丁美洲的殖民地。外形自由，追求动态，喜好富丽的装饰和雕刻、强烈的色彩，常用穿插的曲面和椭圆形空间。它能用直观的感召力给教堂、府邸的使用者以震撼。

图52　巴洛克建筑

（14）洛可可建筑风格（见图 53）：1750—1790，别称为“路易十五式”。主要起源于法国，代表了巴洛克风格的最后阶段，纤弱娇媚、华丽精巧、甜腻温柔、纷繁琐细。

图53　洛可可建筑

6. 园林艺术

（1）法国凡尔赛宫（见图 54）：面积达 101 公顷，园内小路纵横交错，通往一个个美丽的花坛，安静的角落矗立着古典雕塑并点缀着众多装饰性湖泊，湖面不时泛起涟漪。

图54 法国凡尔赛宫

（2）新加坡植物园（见图 55）：建于 1859 年，被誉为世界上最美丽的植物园之一，面积达到 52 公顷。国家胡姬花公园位于植物园的最中央，在这个园内最高处，6 万多株五颜六色的胡姬花争相开放。

图55 新加坡植物园

（3）美国加州德斯康索花园：园内植物超过 10 万株，是世界上最大的山茶园之一。德斯康索的花园和树林位于圣拉斐尔山之上，连绵 65 公顷。

（4）英属哥伦比亚宝翠花园：面积达到 22 公顷，内有 700 多种植物，3 月至 10 月开花不断。

（5）意大利埃斯特庄园（见图 56）：世界上最迷人的园林之一，作为意大利台地园的典范，与兰特庄园、法尔奈斯庄园并称为文艺复兴三大名园。园内一条林荫大道，以突出的中轴线，加强了全园的统一感，全园以其丰富的水声和水景著称于世。

图56 意大利埃斯特庄园

参考文献

[1] 边霞．儿童的艺术与艺术教育 [M]．南京：江苏教育出版社，2006.

[2] 孔起英．学前儿童美术教育 [M]．南京：南京师范大学出版社，1998.

[3] 张念芸．学前儿童美术教育 [M]．北京：北京师范大学出版社，1996.

[4] 朱家雄．学前儿童美术教育 [M]．上海：华东师范大学出版社，1999.

[5] 尹少淳．美术及其教育 [M]．长沙：湖南美术出版社，1995.

[6] 李桂英，许晓春．学前儿童艺术教育 [M]．北京：高等教育出版社，2014.

[7] 林琳，朱家雄．学前儿童美术教育 [M]．上海：华东师范大学出版社，2006.

[8] 常锐伦．美术学科教育学 [M]．北京：首都师范大学出版社，2000.

[9] 边霞．幼儿园美术教育与活动设计 [M]．北京：高等教育出版，2009.

[10] 刘宣．学前儿童美术教育 [M]．北京：中央广播电视大学出版社，2008.

[11] 林琳，朱家雄．学前儿童美术教育 [M]．上海：华东师范大学出版社，2006.

[12] 李慰宜，林建华．幼儿园绘画教学手册 [M]．上海：华东师范大学出版社，2009.

[13] 庞丽娟．幼儿园美术教学法 [M]．北京：北京师范大学出版社，1990.

[14] 屠美如．学前儿童美术教育 [M]．南京：江苏教育出版社，1991.

[15] 王宏建，袁宝林．美术概论 [M]．北京：高等教育出版社，1994.

[16] 朱家雄．幼儿园教育活动设计与实施 [M]．北京：高等教育出版社，2008.

[17] 陈振濂．“美术”语源考——“美术”译语引进史研究 [J]．北京:美术研究,2003（4）.

[18] 钱初熹．美术教学理论与方法 [M]．北京：高等教育出版社，2005.

[19] 顾菁．当代艺术与美国儿童美术教育 [M]．上海：复旦大学出版社，2015.

[20] 于春晓．学前儿童家庭美术教育初探 [J]．南京：科学大众（科学教育），2017（10）.

[21] 马菁汝．构建学校、社会、家庭“三位一体”的美育体系 [N]．北京：中国文化报，2017. 11. 16

[22] 陈辉东．幼儿画指导手册 [M]．台北：艺术家出版社，1990.

[23]（美）罗恩菲尔德，王育德译．创造与心智的成长 [M]．长沙：湖南美术出版社，1993.

[24]（美）伊莱恩·皮尔·科汉等，尹少淳译．美术，另一种学习语言 [M]．长沙：湖南

美术出版社，1993.

[25] 崔学勤. 发展幼儿的审美感知力 [J]. 合肥：合肥学院学报（社会科学版），2007（3）.

[26] 李英姬. 我国幼儿美术教育目标历史演变研究 [D]. 长春：东北师范大学，2004.

[27] 吕静. 基于绘本的幼儿美术主体活动设计研究 [D]. 济南：山东师范大学，2017（5）.